Ulrich Grabowski

Bibelkanons

Ulrich Grabowski

Bibelkanons

Mehrstimmige Gesänge zum Wort Gottes

Fromm Verlag

Imprint

Cover image: Vom Autor bereitgestellt

Publisher:
Fromm Verlag
is a trademark of
International Book Market Service Ltd., member of OmniScriptum Publishing Group
17 Meldrum Street, Beau Bassin 71504, Mauritius

Printed at: see last page
ISBN: 978-620-2-44272-5

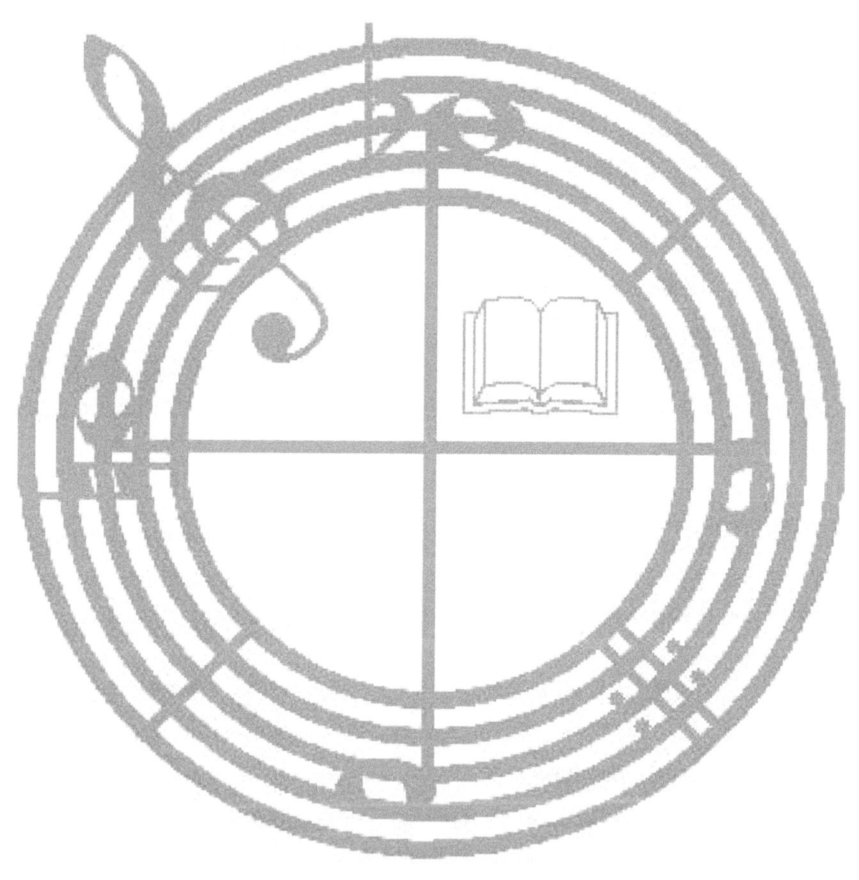

EHƎ alles beginnt ...

Dreistimmiger Kanon
für E(ine Frauenstimme), E(inen Männerbass)
und dem H(errn Jesus Christus) in der Mitte(lstimme)
(nach 1. Korinther 13,13)

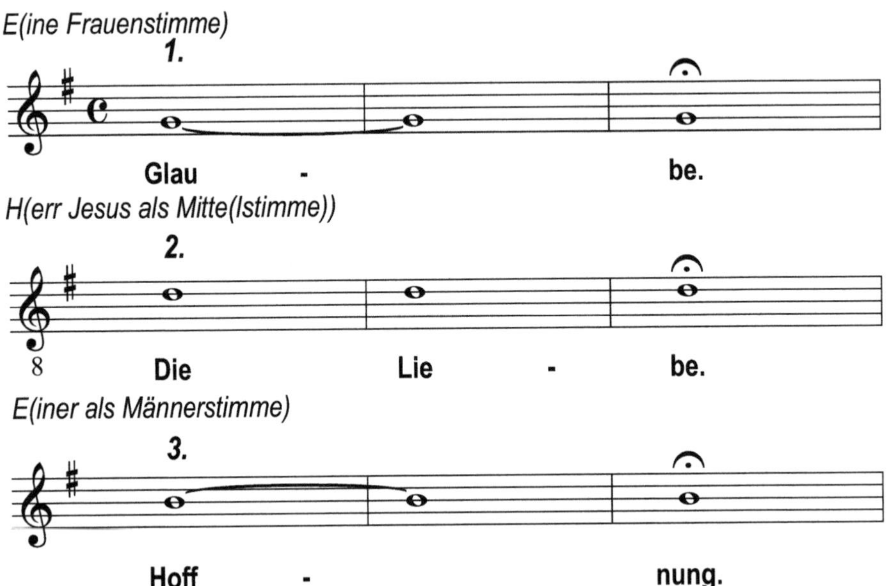

8 = *das Fundament (eine Oktave tiefer) ist als Generalbass (D)ie Liebe Gottes (lat.: Deus)*

C = *das Stück ist nicht taktlos: C wie Christus ist taktvoll vorgezeichnet und gibt den Takt in der EHE an (hoffentlich ohne Kapri(Tri)olen)*

= *einziges Vorzeichen der Ehe ist das Kreuz von Jesus.*
Das Stück steht in einer harmonischen Kreuztonart: G(! mit Jesus)-Dur.
Disharmonien bereichern das Trio und bieten die Chance,
zeitnah wieder aufgelöst zu werden

𝄐 = *jede Stimme bleibt der andern treu ohne zu verklingen; Wiederholung bis in die Ewigkeit hinein*

Dirigieren sollte diesen Kanon am besten der Schöpfer selbst

Macht hoch die Tore
(nach Georg Weissel 1642, Psalm 24,7-10)

Ulrich Grabowski um 1975

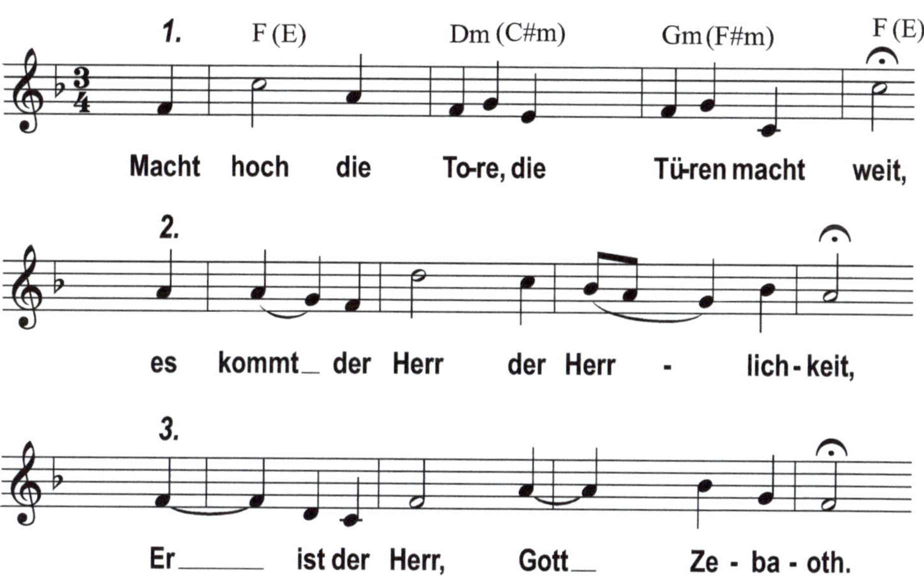

Begleitsatz Tasteninstrument

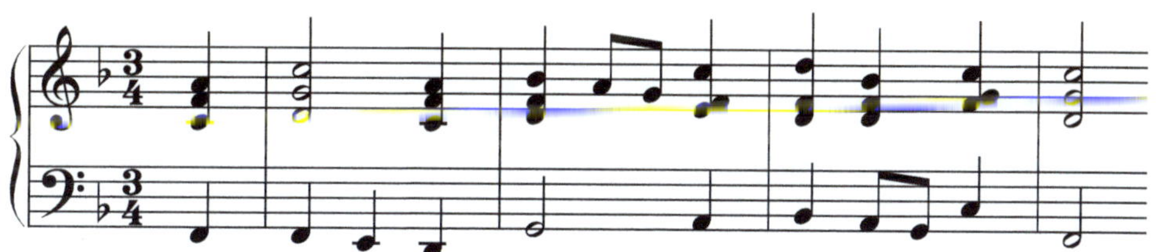

Gott, Du bist unser Vater
(nach Jesaja 64,7)

Ulrich Grabowski um 1976
nach Concerto Grosso op. 6, Nr. 9,4 Allegro
von G.F. Händel, HWV 327

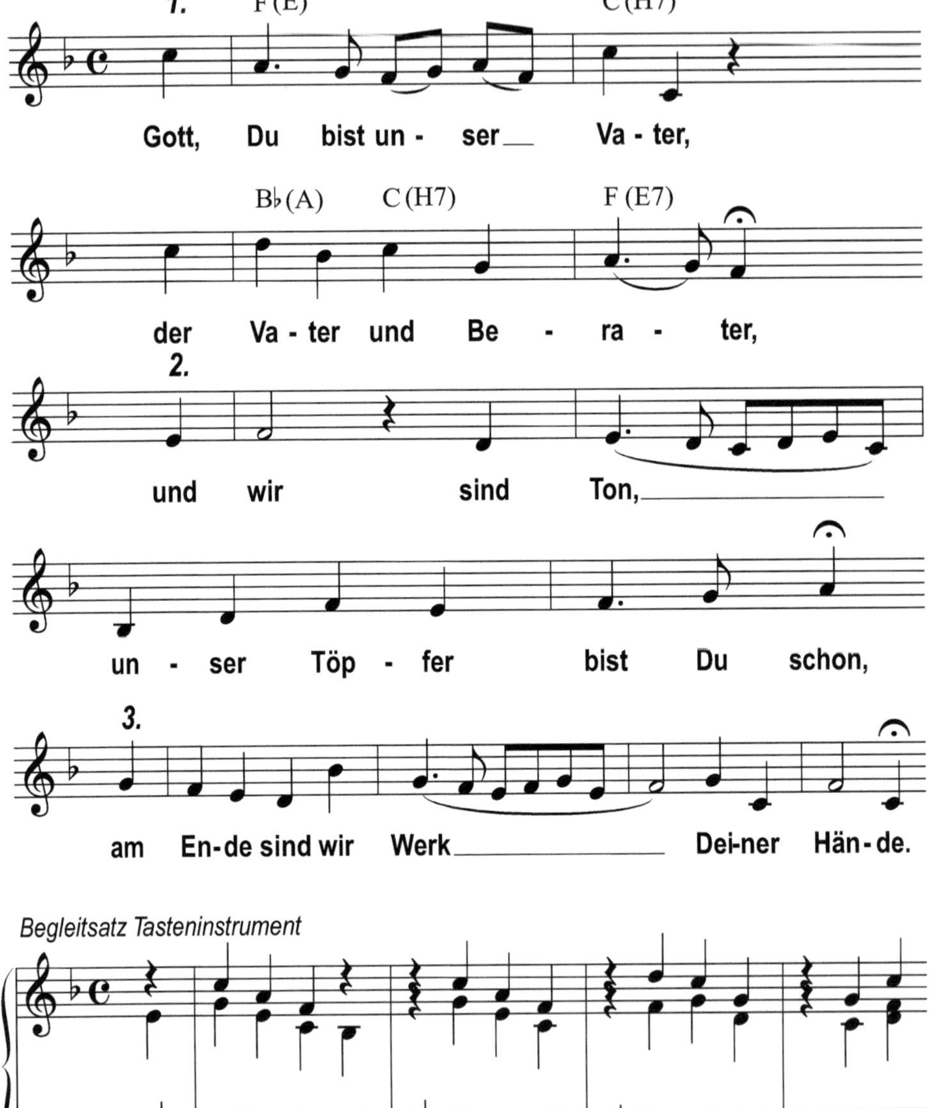

Begleitsatz Tasteninstrument

Herr, wir wollen Dir zur Ehre singen

Ulrich Grabowski um 1977

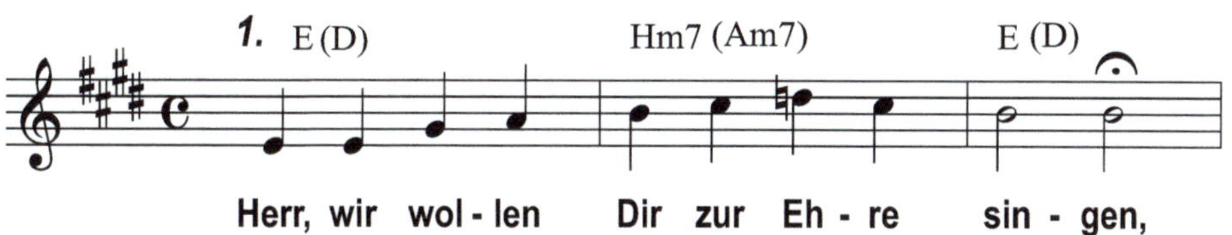

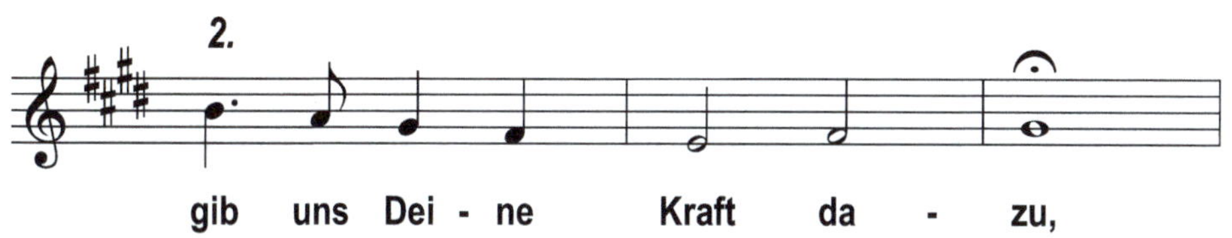

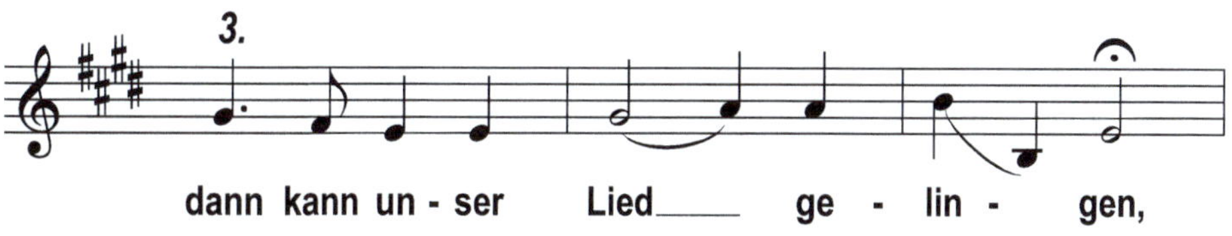

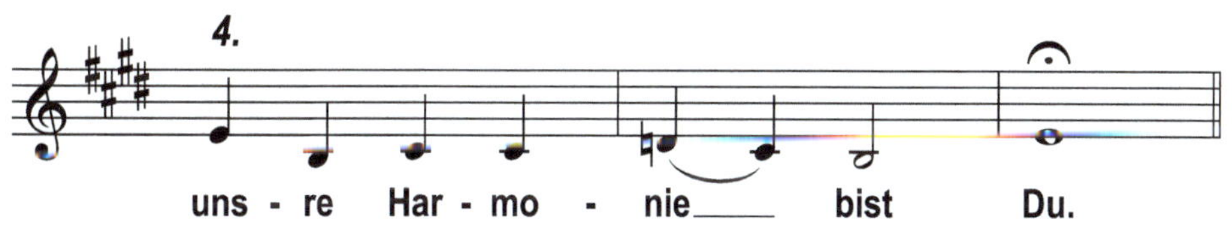

Singt für den Herrn ein neues Lied
(nach Psalm 96,1-2)

Ulrich Grabowski um 1982 nach Chandos Anthem Nr. 9,1
"O praise the Lord with one consent" von Georg Friedrich Händel, HWV 254

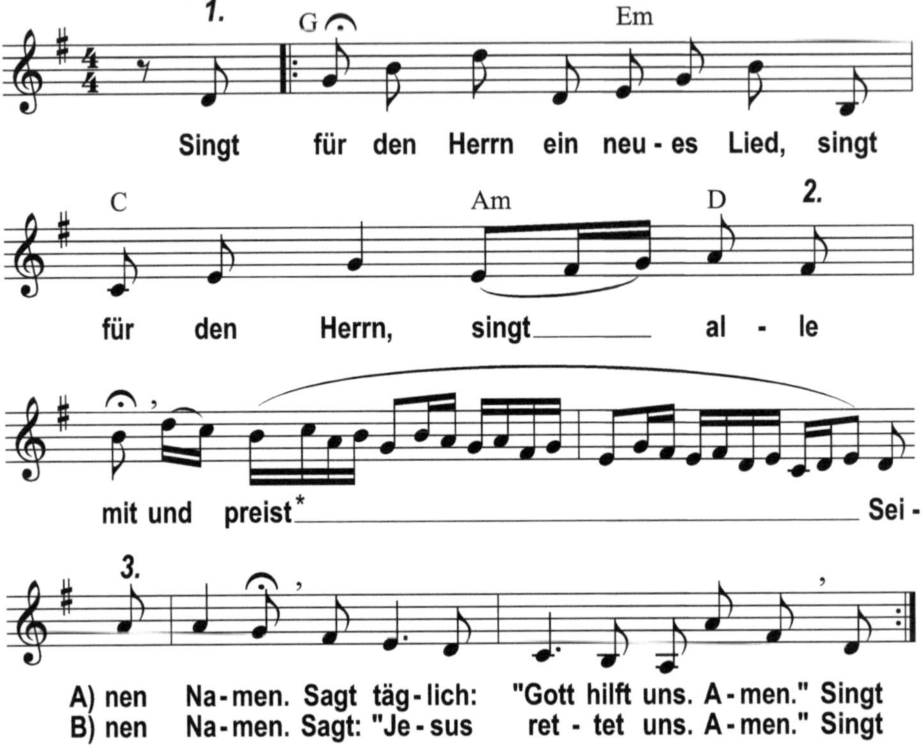

1. G Em
Singt für den Herrn ein neu - es Lied, singt

C Am D 2.
für den Herrn, singt______ al - le

mit und preist*____________________ Sei -

3.
A) nen Na-men. Sagt täg-lich: "Gott hilft uns. A-men." Singt
B) nen Na-men. Sagt: "Je-sus ret - tet uns. A-men." Singt

Begleitsatz Tasteninstrument

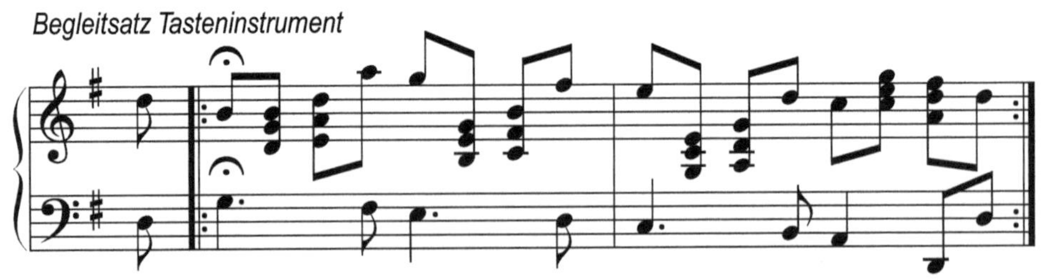

*) *auch: "segnet"*

Cantus firmus zu: Singt für den Herrn ein neues Lied (nach Martin Rinckart 1636)

Einsatz auf Pause vor 1.

Melodie nach Johann Crüger 1647

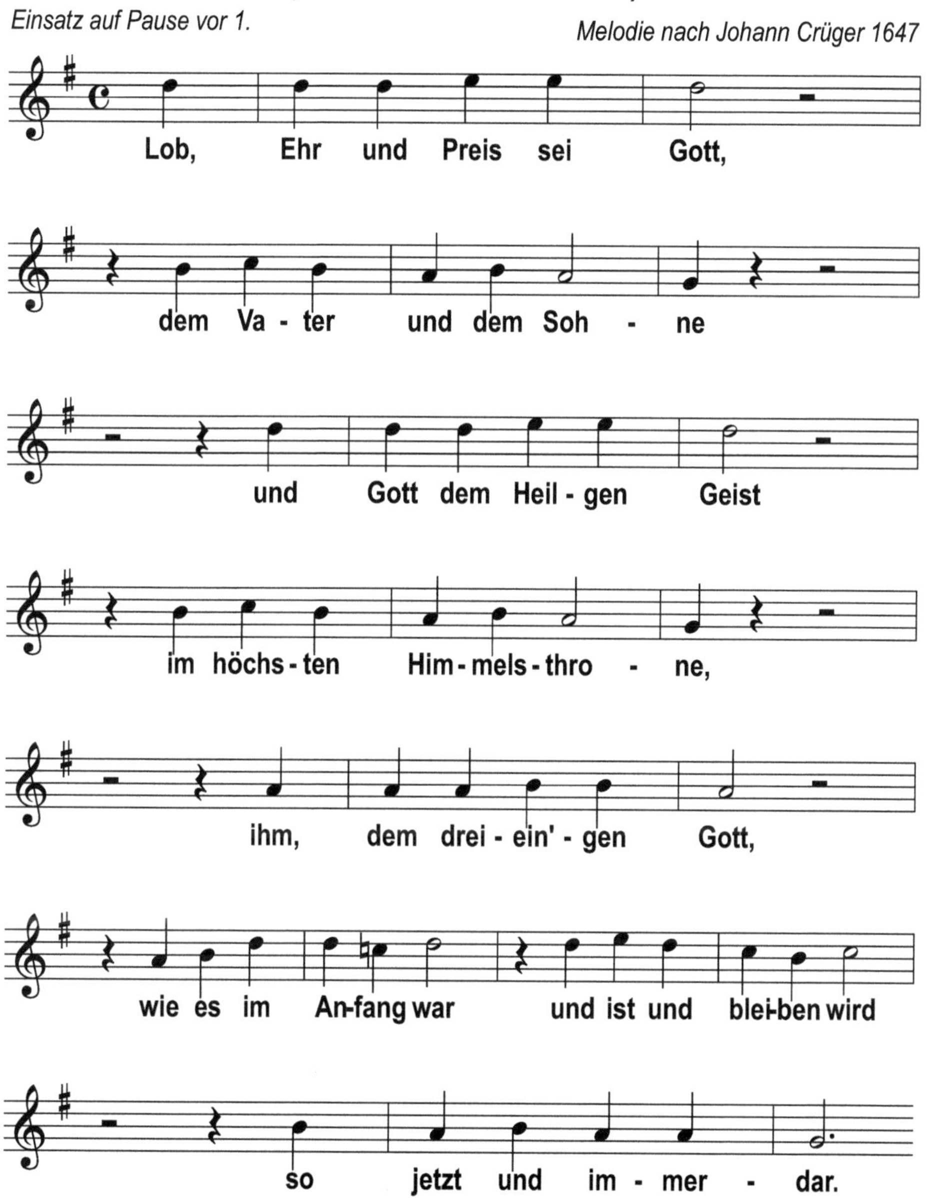

Jesus Christus lebt
(nach Matthäus 28,16-20; Markus 16,14-20)

Ulrich Grabowski um 1987

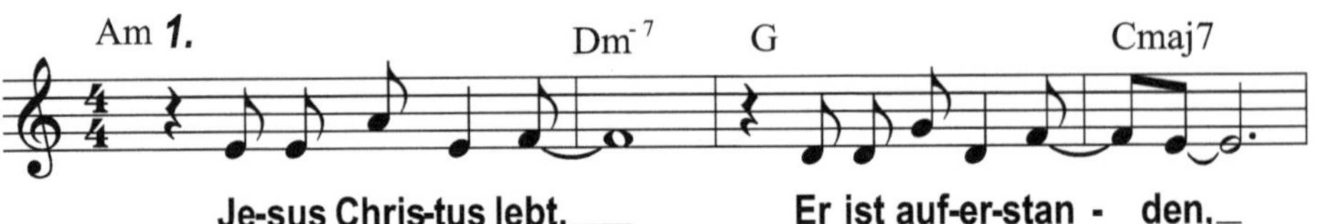

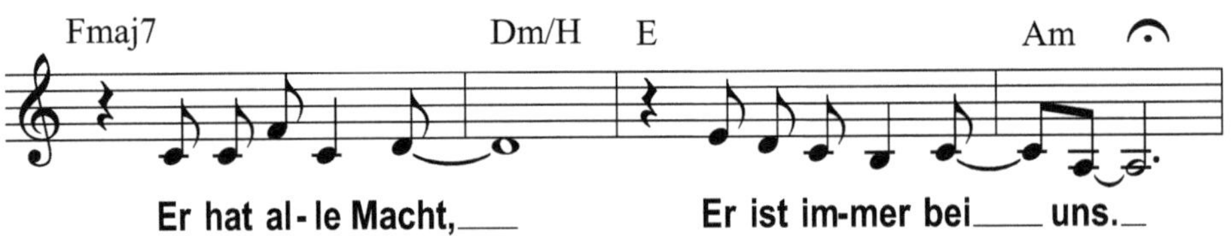

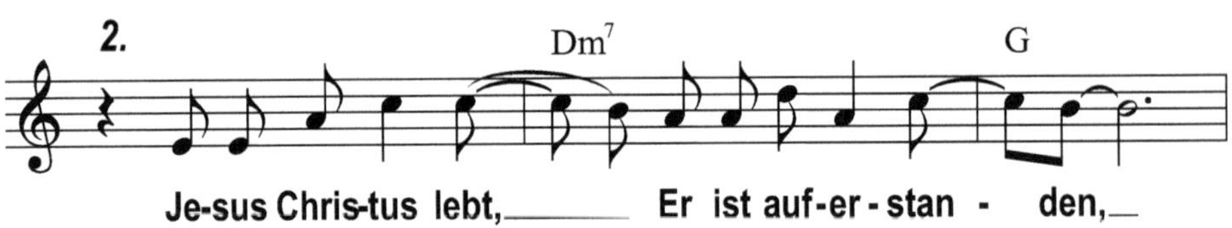

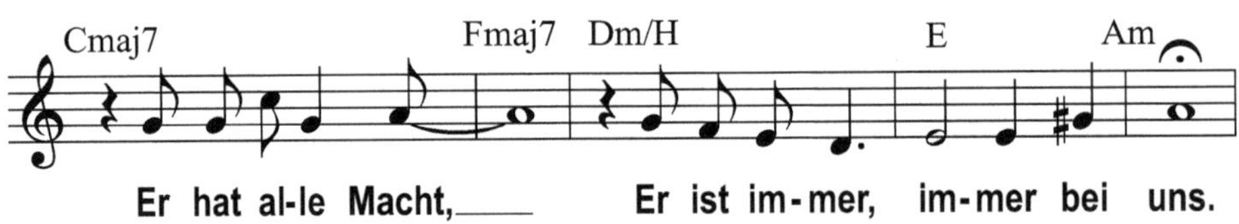

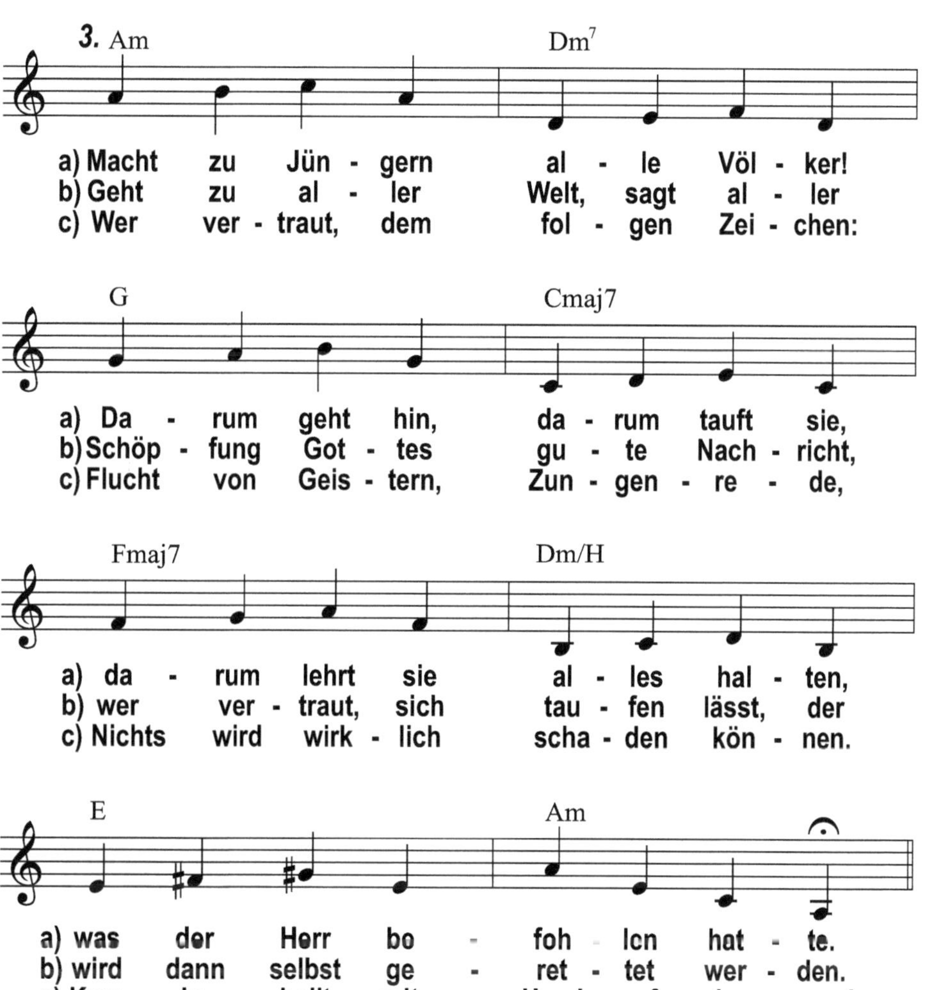
3. Am
Dm7
a) Macht zu Jün - gern al - le Völ - ker!
b) Geht zu al - ler Welt, sagt al - ler
c) Wer ver - traut, dem fol - gen Zei - chen:
G
Cmaj7
a) Da - rum geht hin, da - rum tauft sie,
b) Schöp - fung Got - tes gu - te Nach - richt,
c) Flucht von Geis - tern, Zun - gen - re - de,
Fmaj7
Dm/H
a) da - rum lehrt sie al - les hal - ten,
b) wer ver - traut, sich tau - fen lässt, der
c) Nichts wird wirk - lich scha - den kön - nen.
E
Am
a) was der Herr be - foh - len hat - te.
b) wird dann selbst ge - ret - tet wer - den.
c) Kran - ke heilt mit Hand - auf - le - gung!

Ihr seid das Salz der Erde
(nach Matthäus 5,13a.14a.16)

Ulrich Grabowski um 1988

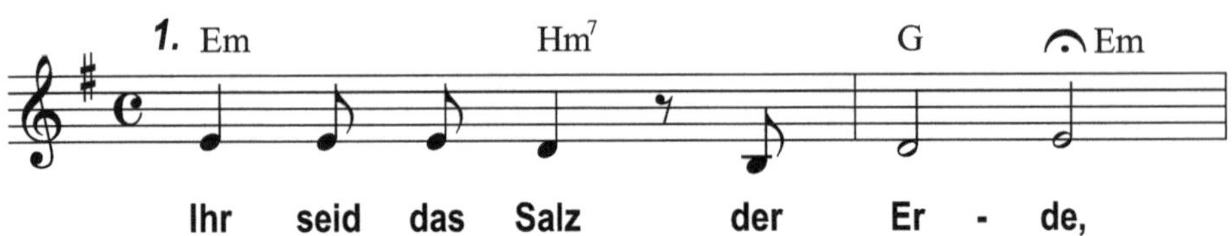

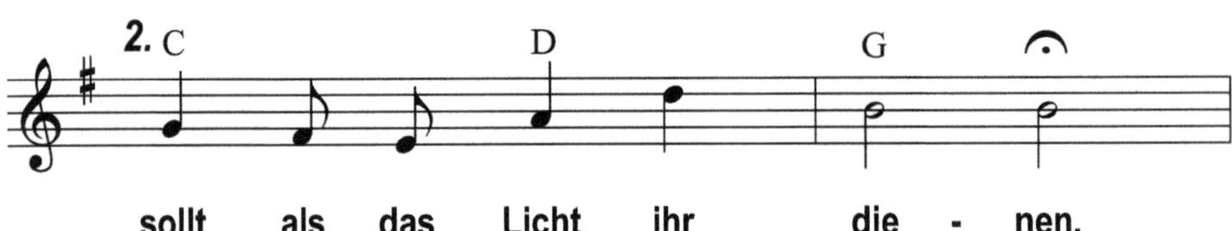

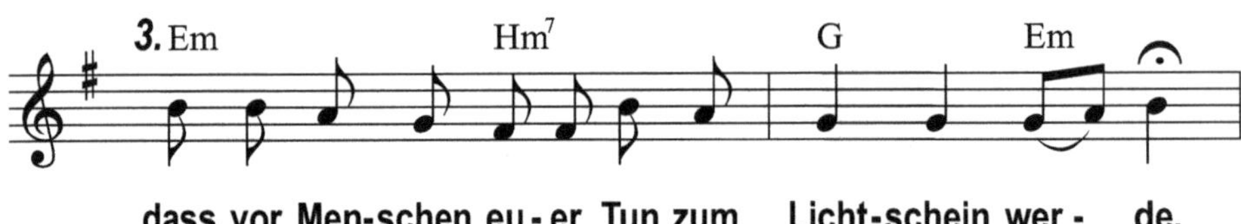

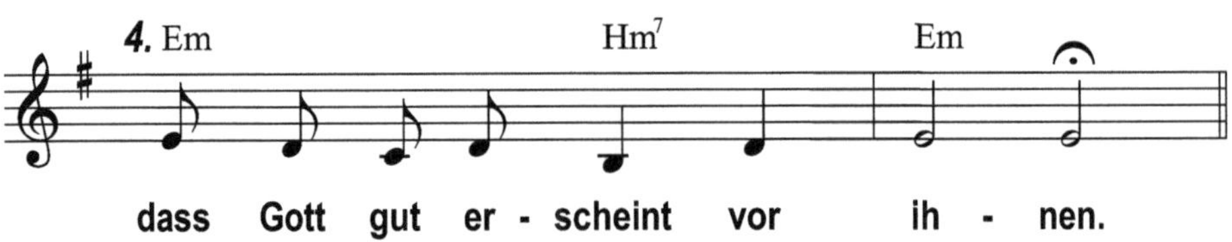

Die Zeit ist da
(nach Markus 1,15)

Ulrich Grabowski 1988

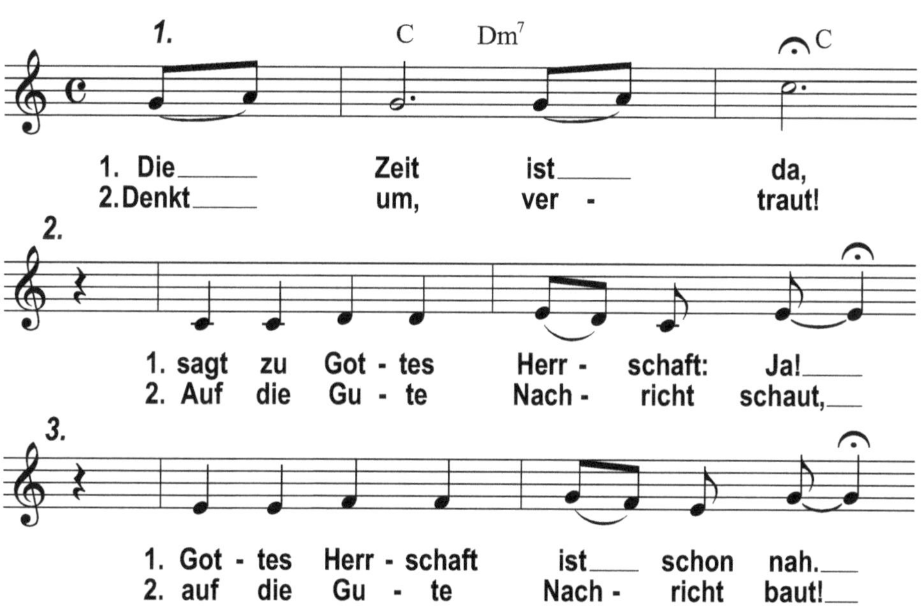

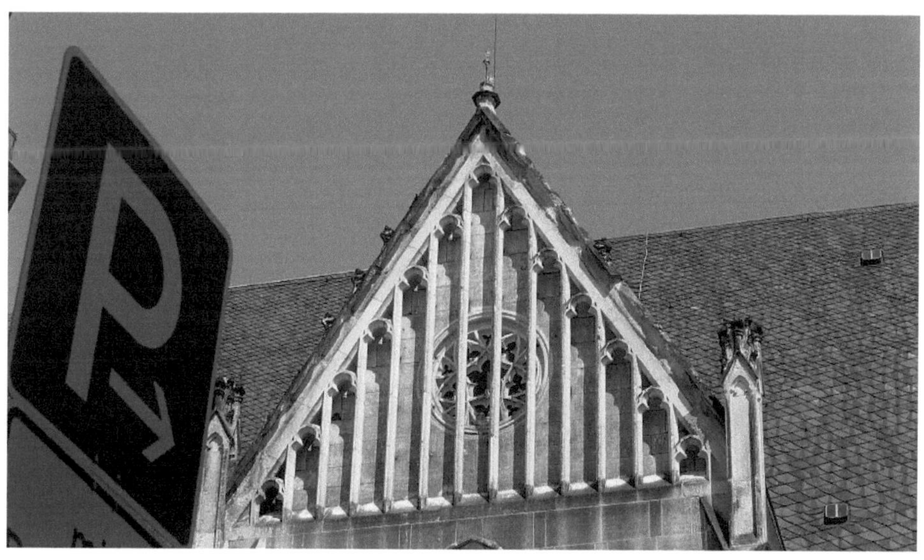

Gott ist nicht fern
(nach Apostelgeschichte 17,27.30)

Ulrich Grabowski 1989

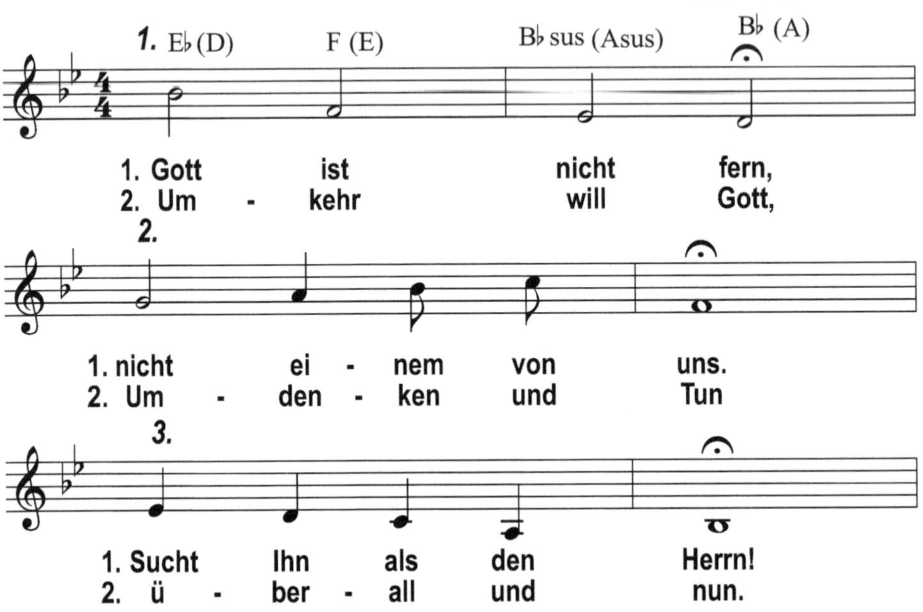

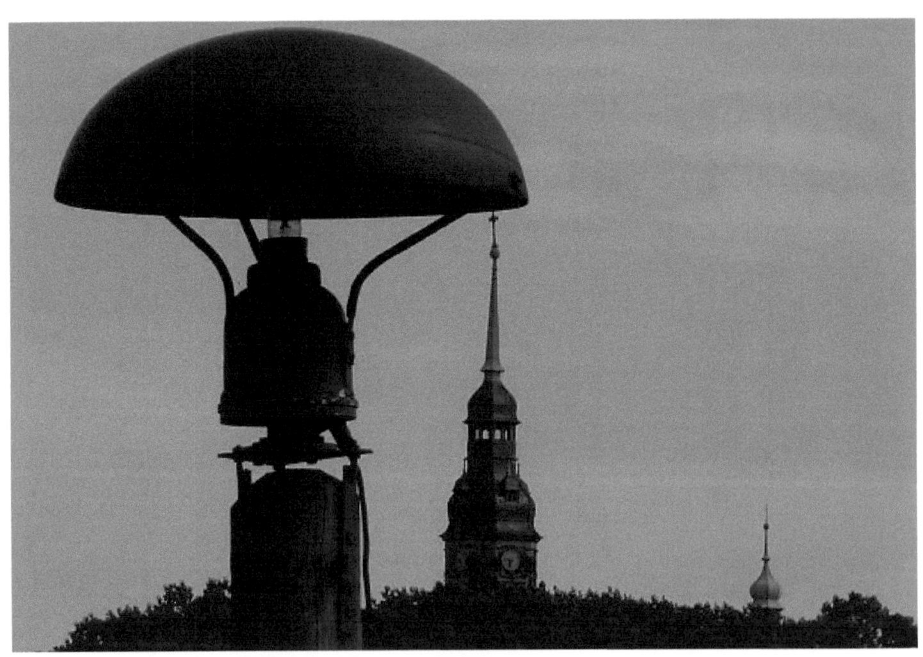

Jesus Christus spricht: Ich bin das Licht
(nach Johannes 8,12*)

Ulrich Grabowski 1990
nach "Christus, das Licht der Welt", Paris 1681

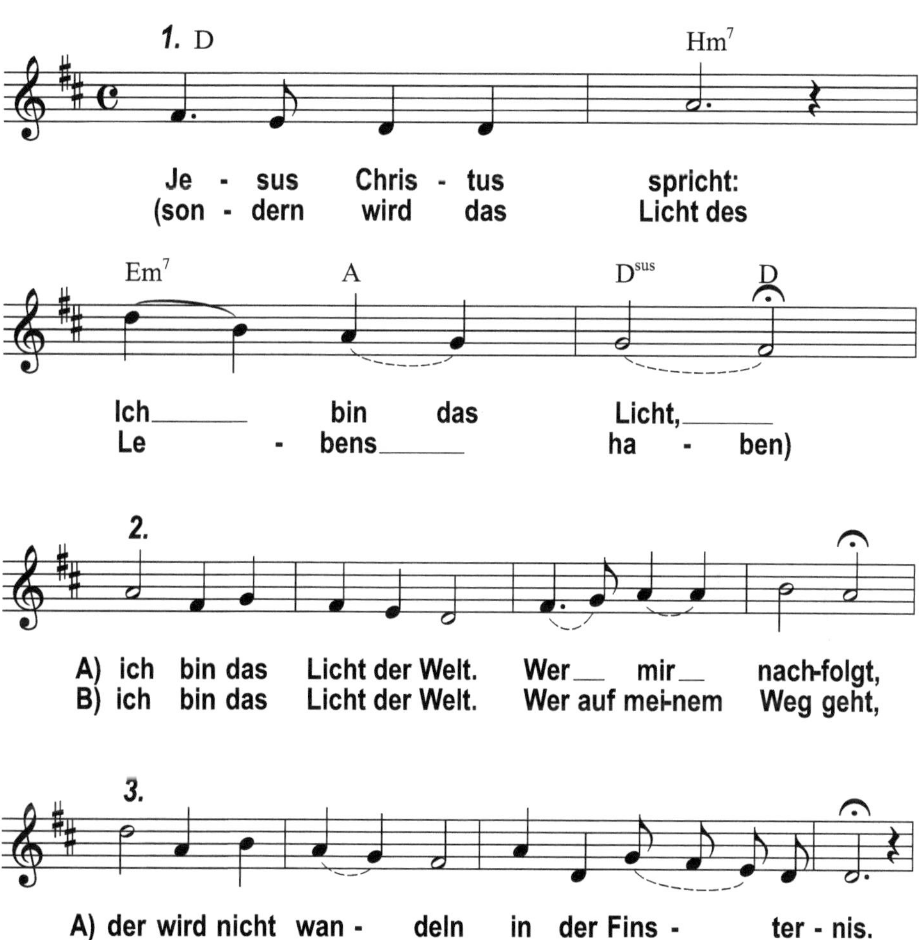

Die auf den Herrn Gott warten
(nach Jesaja 40,31)

Ulrich Grabowski 1991

1. Die auf den Herrn Gott war - ten,

2. er - ben neu - e Kraft;

3. weil sie mit Ihm star - ten,

4. sind sie nicht er - schlafft.

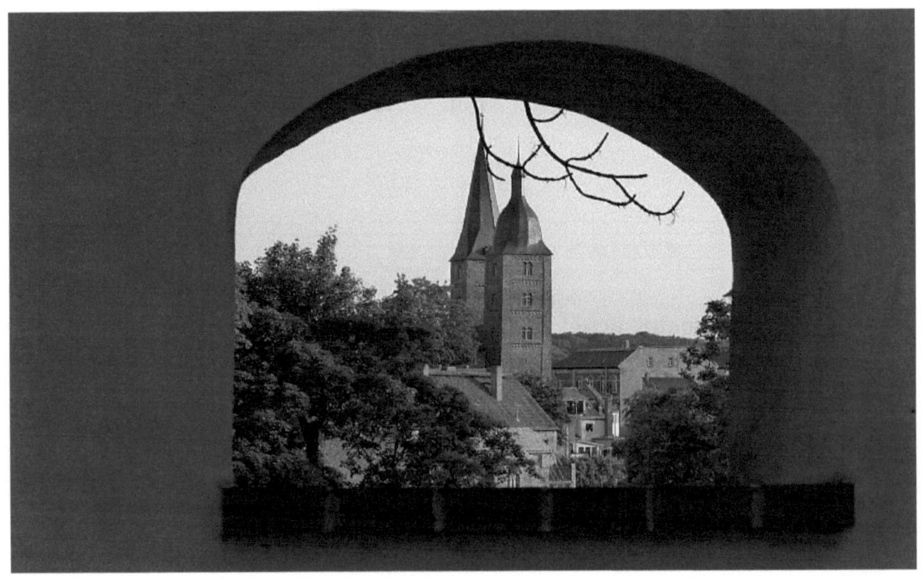

In der Welt habt ihr Angst
(nach Johannes 16,33b*)

Ulrich Grabowski 1992

1.

C Dm7 C

A) In der Welt habt ihr Angst;
B) In der Welt Stress uns hält,

2.

A) a - ber seid ge - trost, ___
B) doch da - rin ein Trost wohl liegt:

3.

A) ich hab' die Welt ü - ber - wun - den.
B) Chris - tus am Kreuz hat die Welt be - siegt.

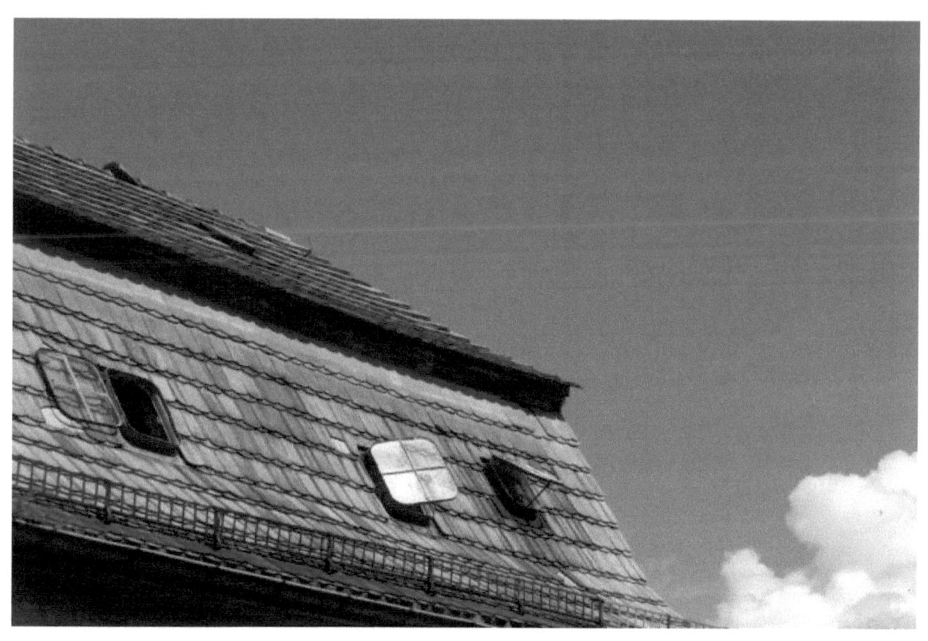

Hat doch der Esel im Stall
(1. Strophe: mündlich überliefert; 2. und 3. Strophe: U.Grabowski)

Ulrich Grabowski um 1992 nach
"Vom Himmel hoch", Martin Luther 1539
"Kommet, ihr Hirten", Olmütz 1847

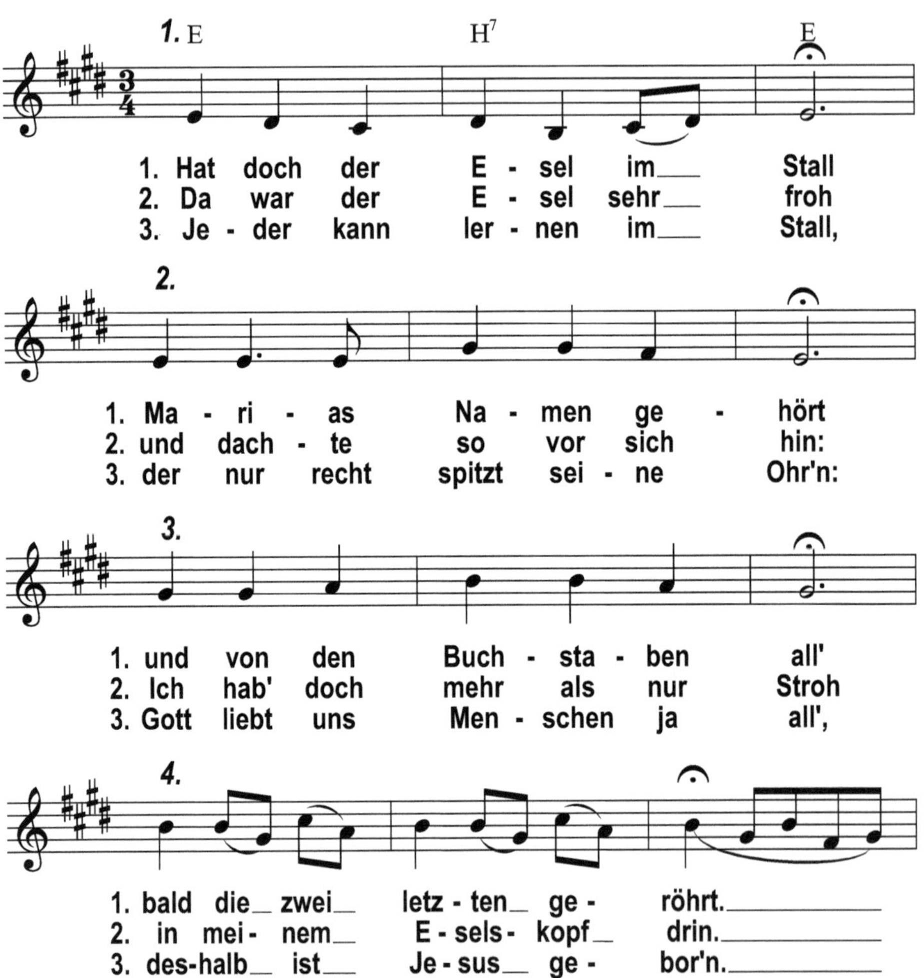

Man muss Gott mehr gehorchen als den Menschen (Apostelgeschichte 5,29*)

Ulrich Grabowski 1993

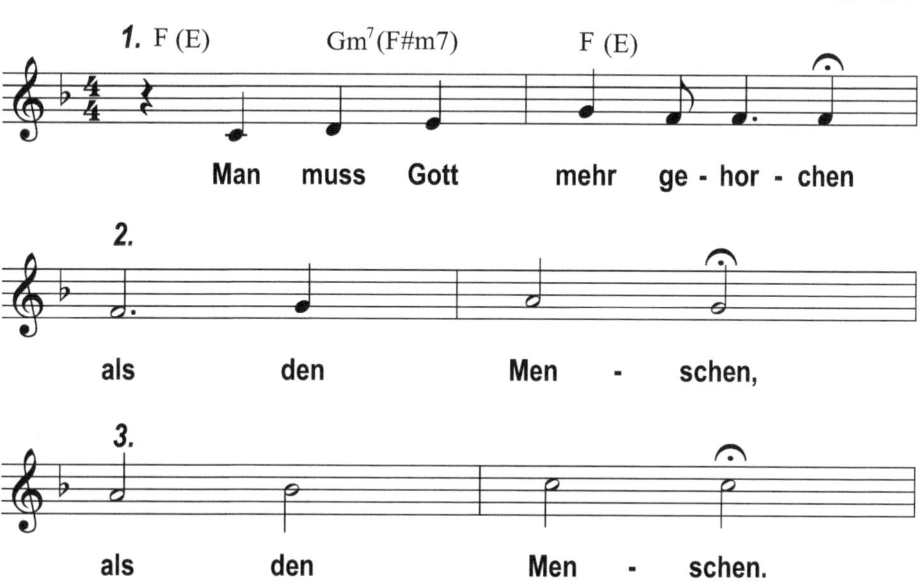

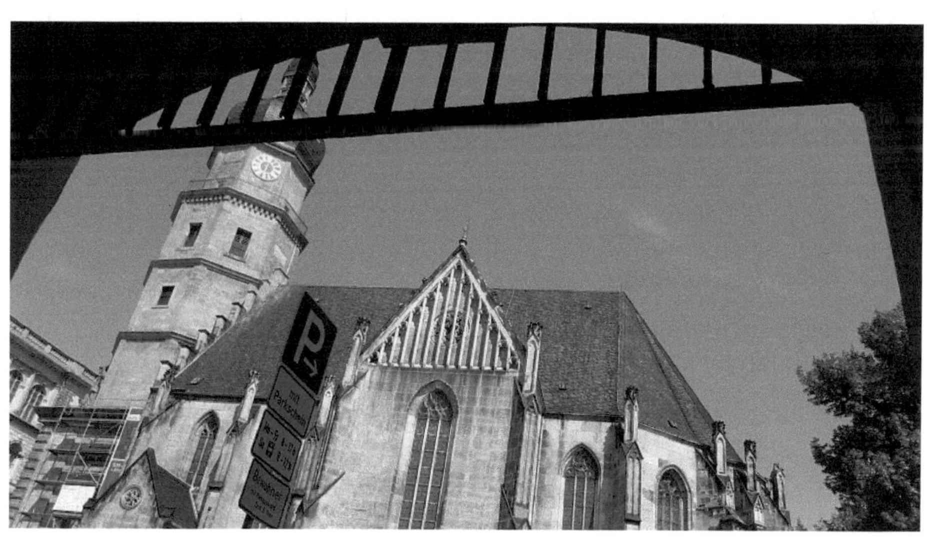

Christus ist unser Friede
(nach Epheser 2,14a*)

Ulrich Grabowski 1994

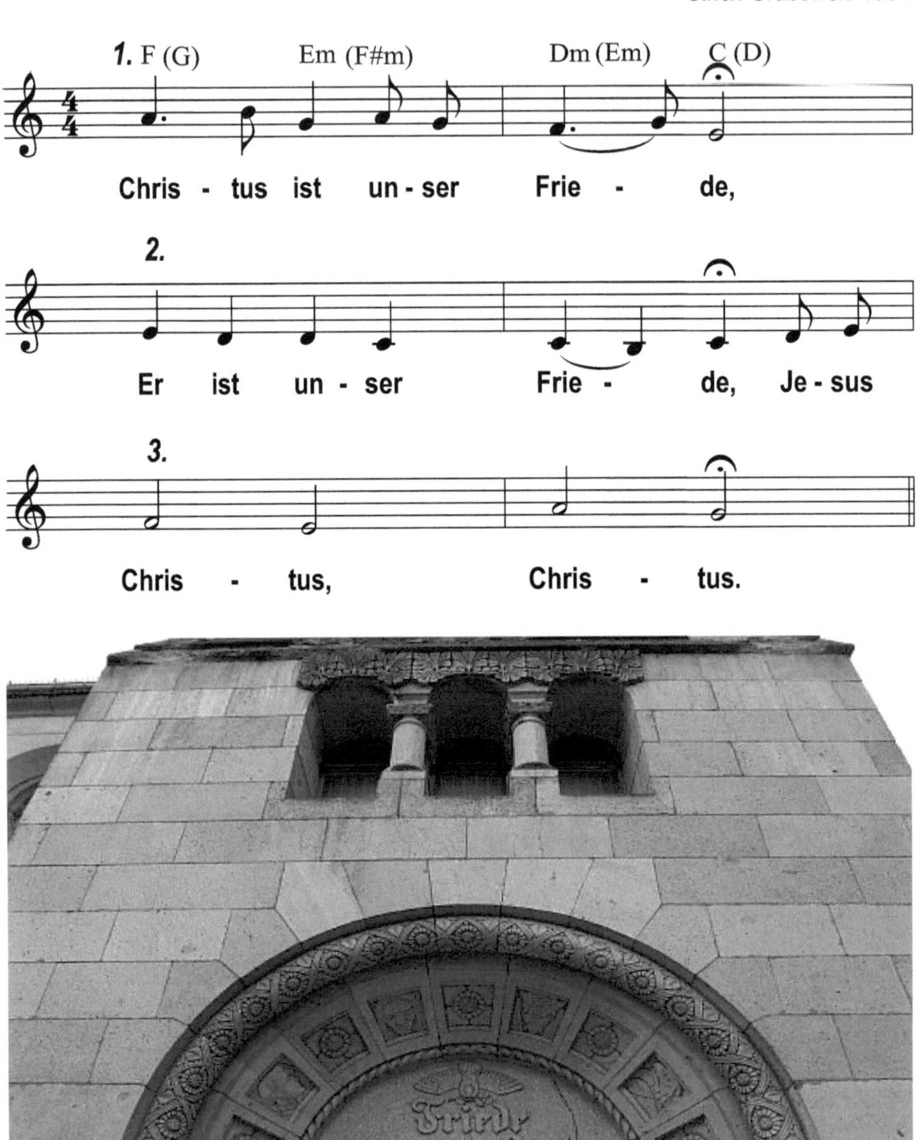

Wendet euch zu mir, so werdet ihr gerettet (Jesaja 45,22*)

Ulrich Grabowski 1995

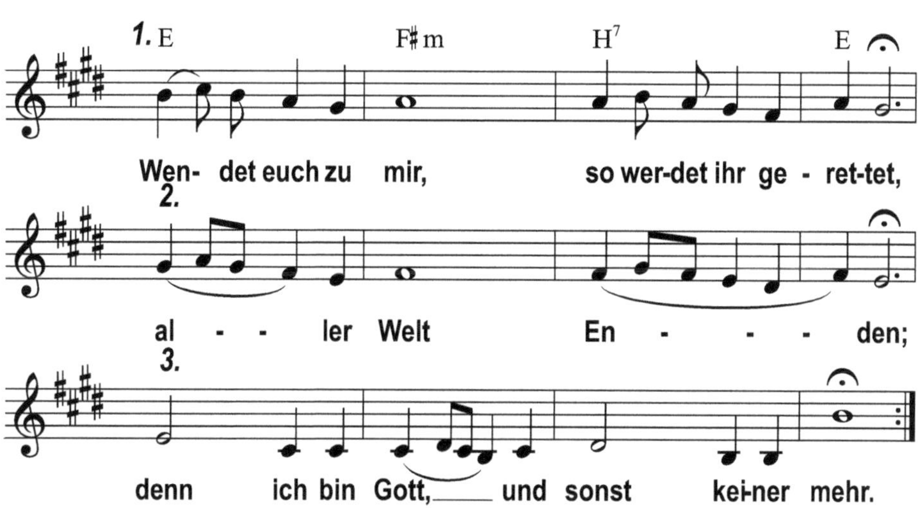

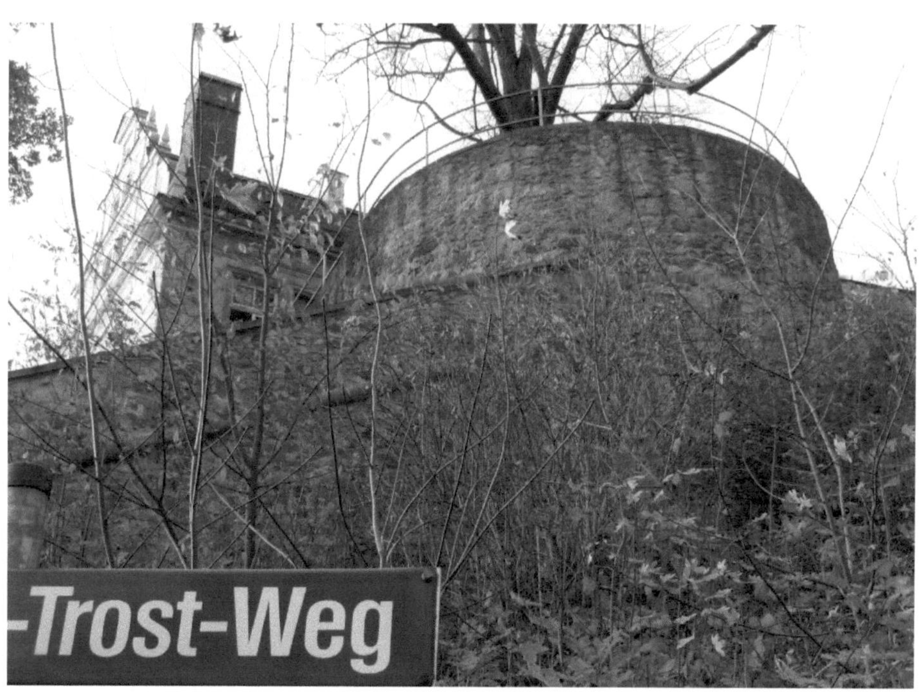

Die Güte des Herrn ist's, dass wir nicht gar aus sind
(Klagelieder 3,22-23*)

Ulrich Grabowski 1996

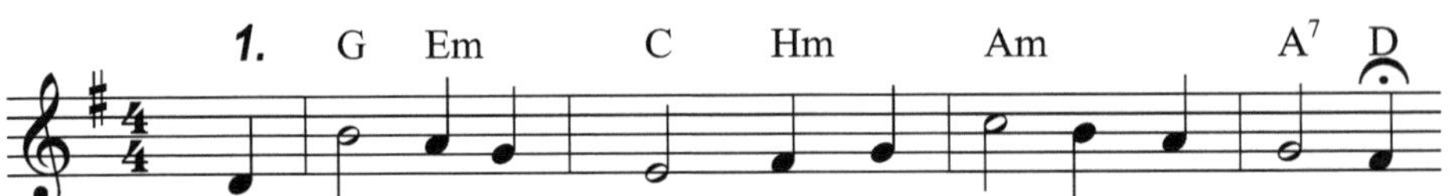

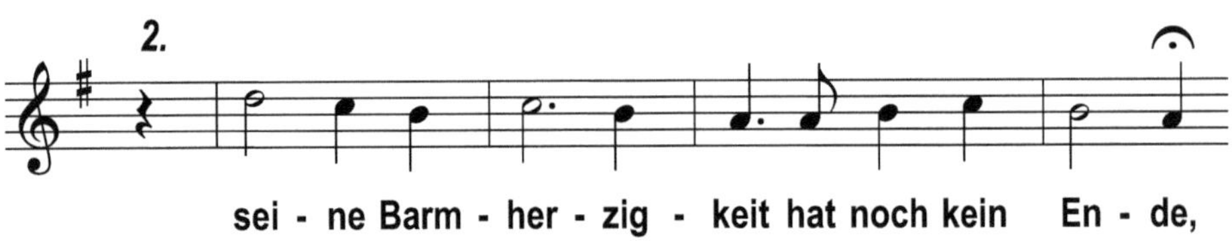

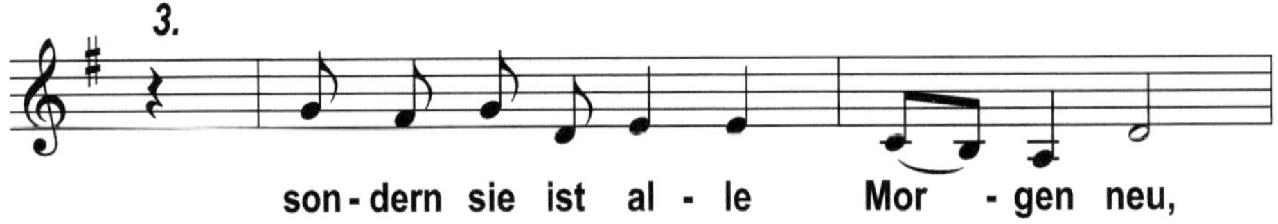

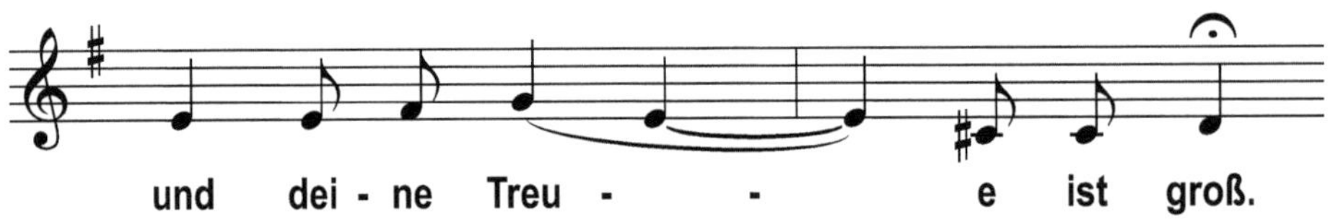

Jesus Christus spricht: Was hilft es einem Menschen (nach Lukas 9,25)

Ulrich Grabowski 1997

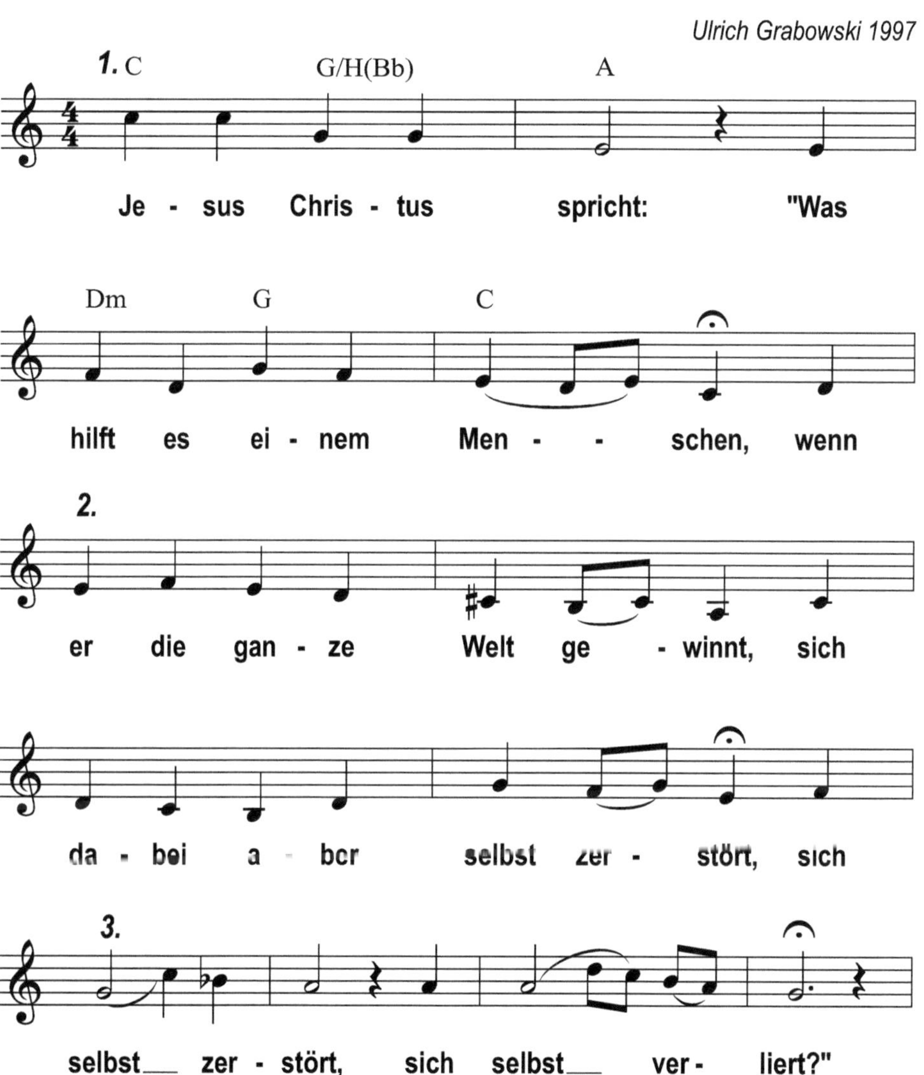

Lebt in der Liebe
(Epheser 5,2a*)

Ulrich Grabowski 1998

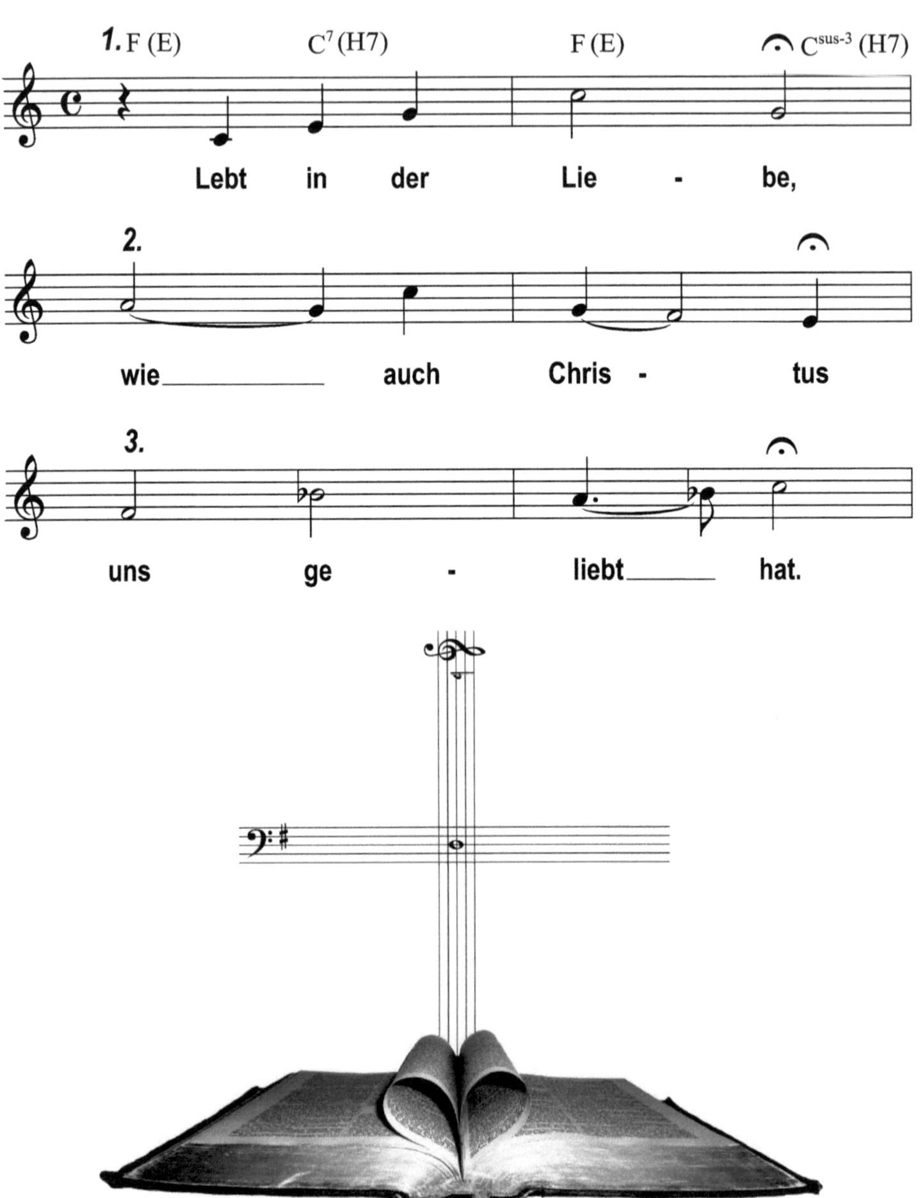

Vollmacht ist mir gegeben
(nach Matthäus 28,18b-20)

Ulrich Grabowski 1999

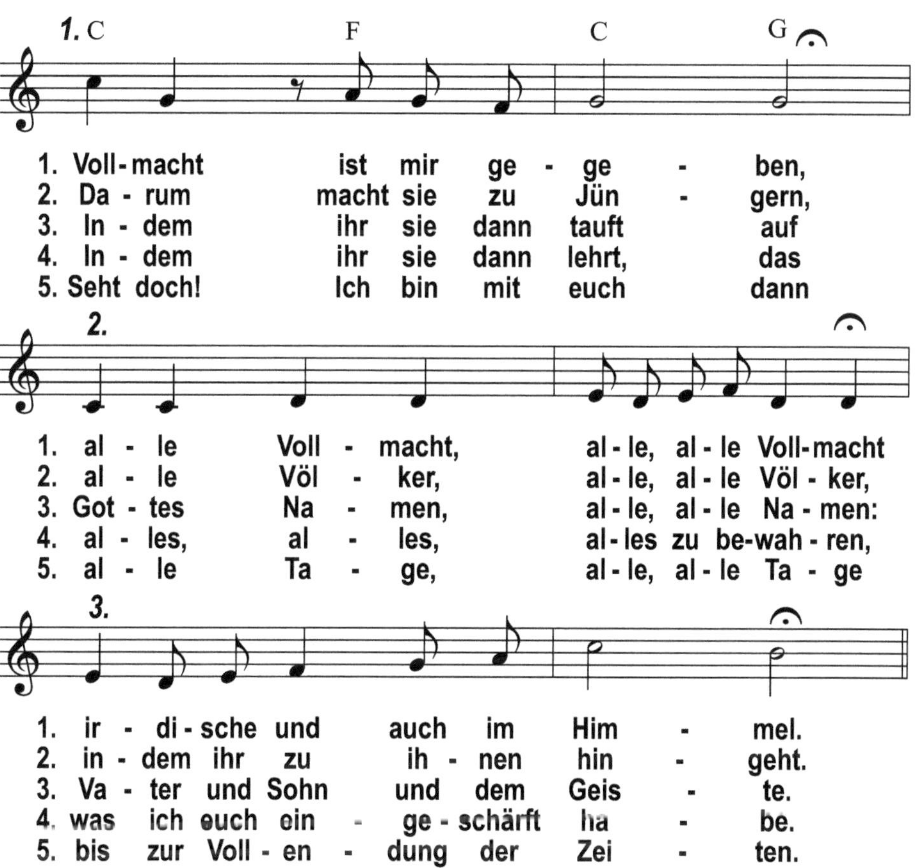

Gott spricht: Wenn ihr mich von ganzem Herzen suchen werdet (Jeremia 29,13b.14*)

Ulrich Grabowski 2000

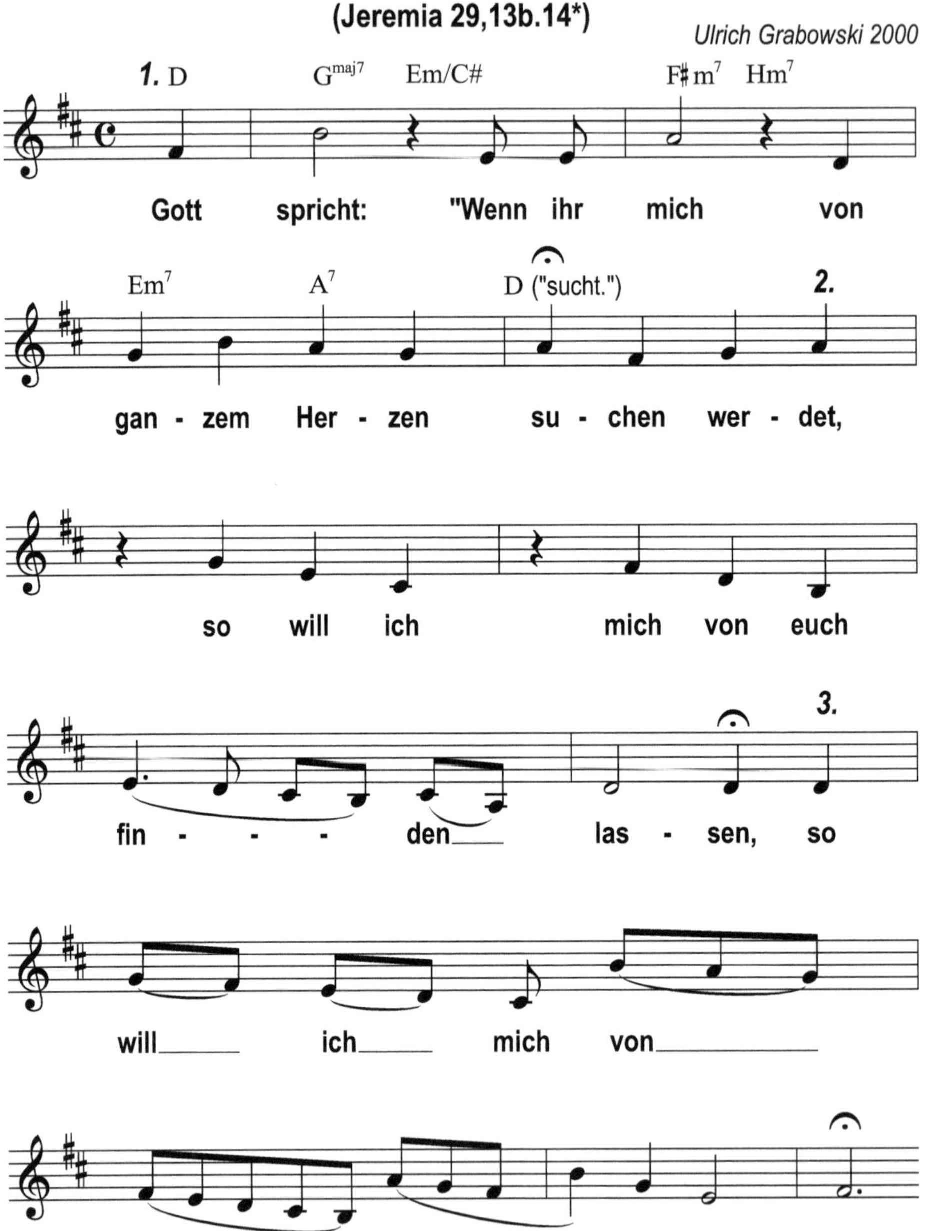

In Christus liegen verborgen
(Kolosser 2,3*)

Ulrich Grabowski 2001

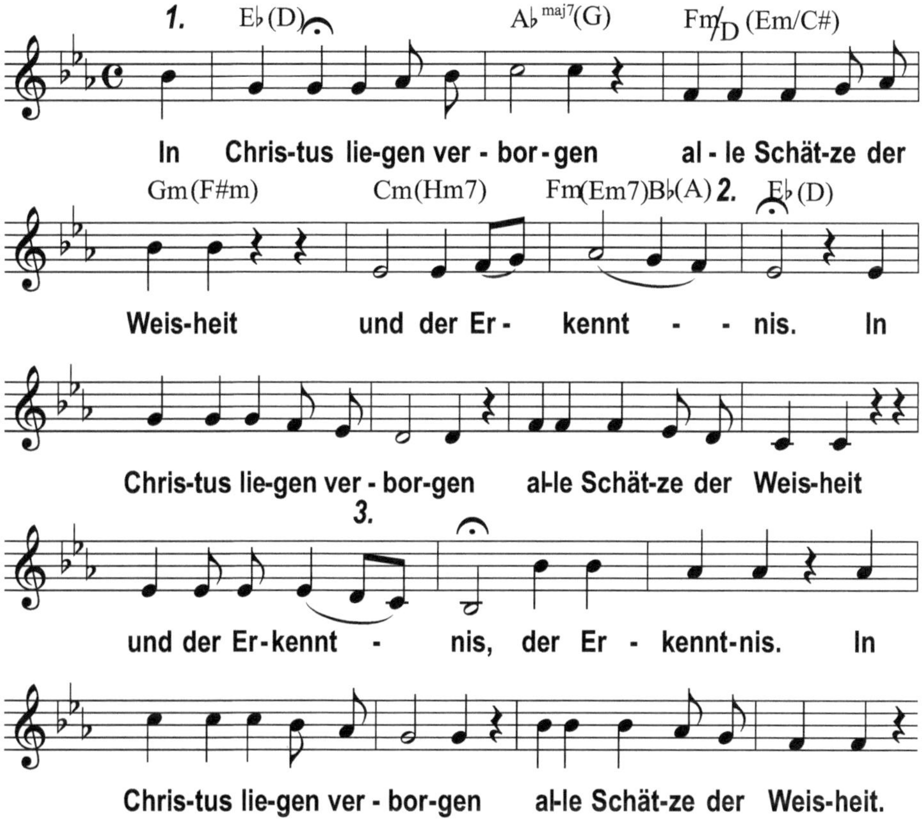

1. E♭(D) A♭maj7(G) Fm/D (Em/C#)

In Chris-tus lie-gen ver - bor - gen al - le Schät-ze der

Gm(F#m) Cm(Hm7) Fm(Em7) B♭(A) **2.** E♭(D)

Weis-heit und der Er - kennt - - nis. In

Chris-tus lie-gen ver - bor-gen al-le Schät-ze der Weis-heit

3.

und der Er-kennt - nis, der Er - kennt-nis. In

Chris-tus lie-gen ver - bor-gen al-le Schät-ze der Weis-heit.

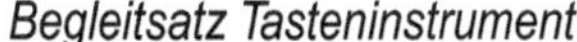

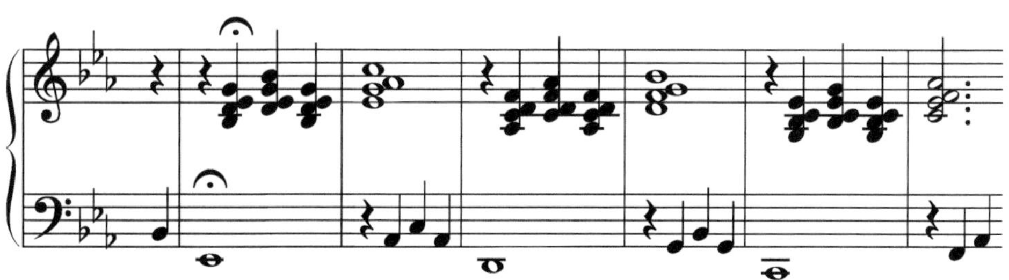

Seht! Gott ist meine Rettung
(nach Jesaja 12,2)

Ulrich Grabowski 2002

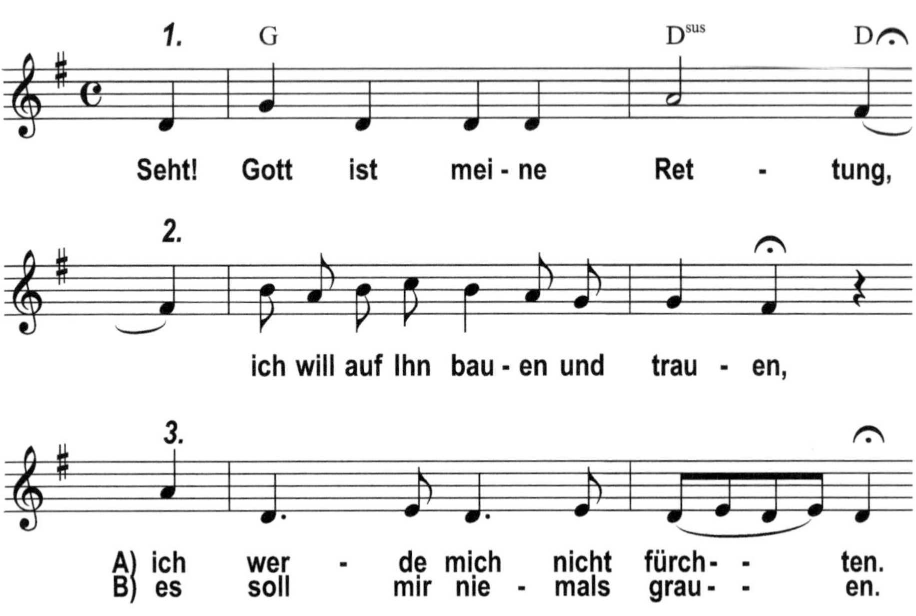

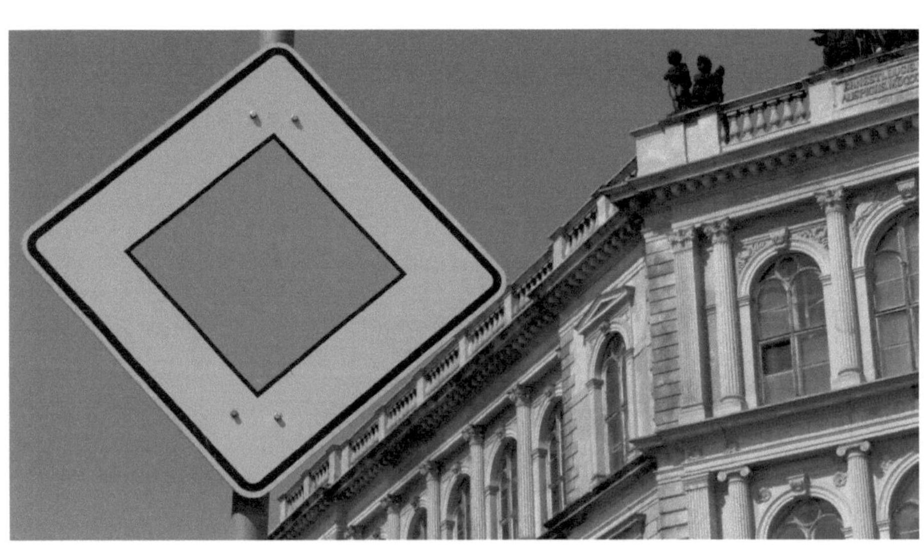

Seht! Gott ist meine Rettung
(nach Jesaja 12,2)

Ulrich Grabowski 2002
nach "O Haupt voll Blut und Wunden", Hans Leo Haßler 1601

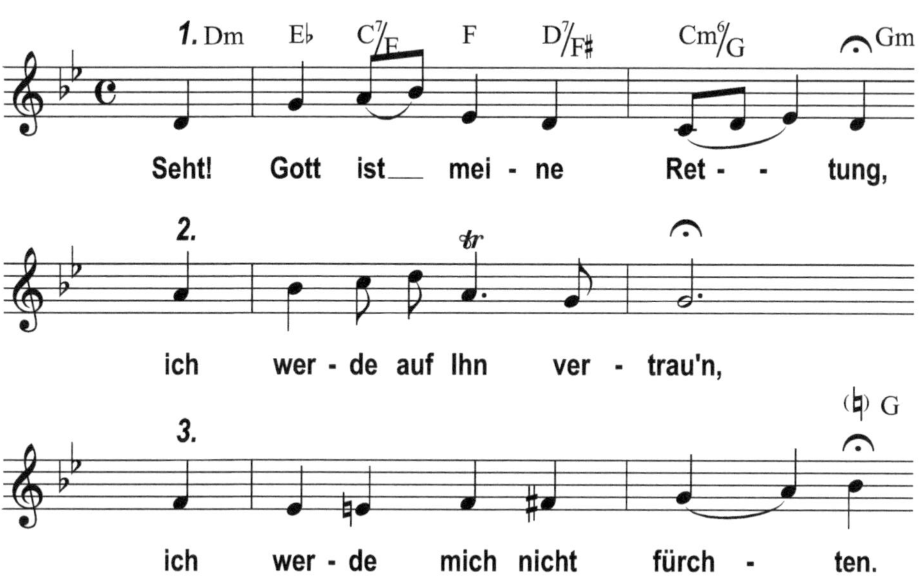

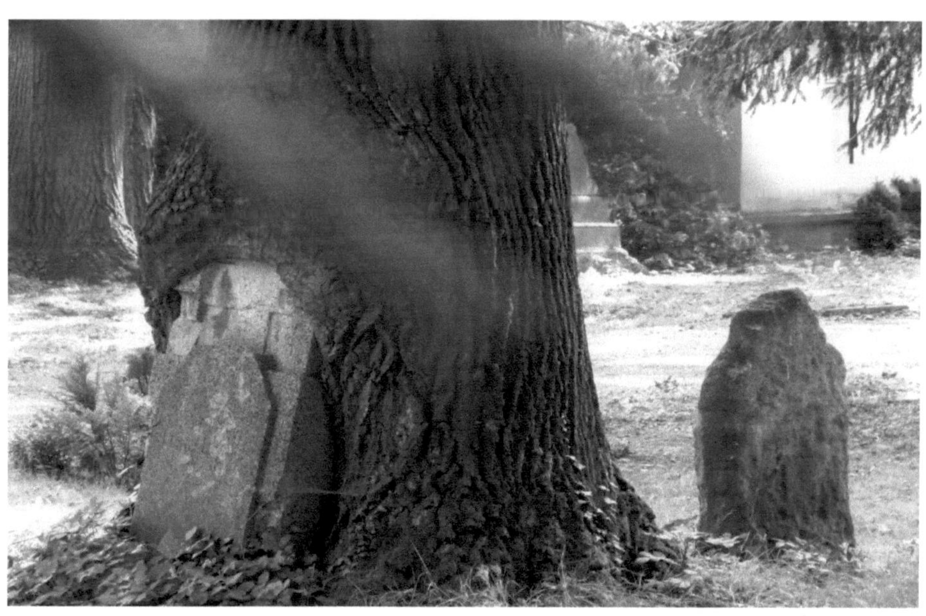

Ein Mensch sieht, was vor Augen ist
(1. Samuel 16,7*)

Ulrich Grabowski 2003

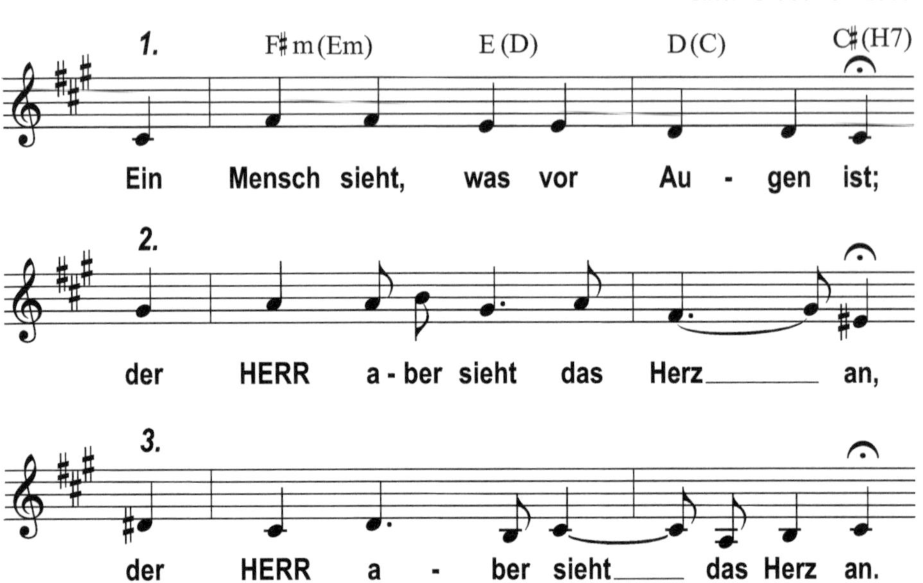

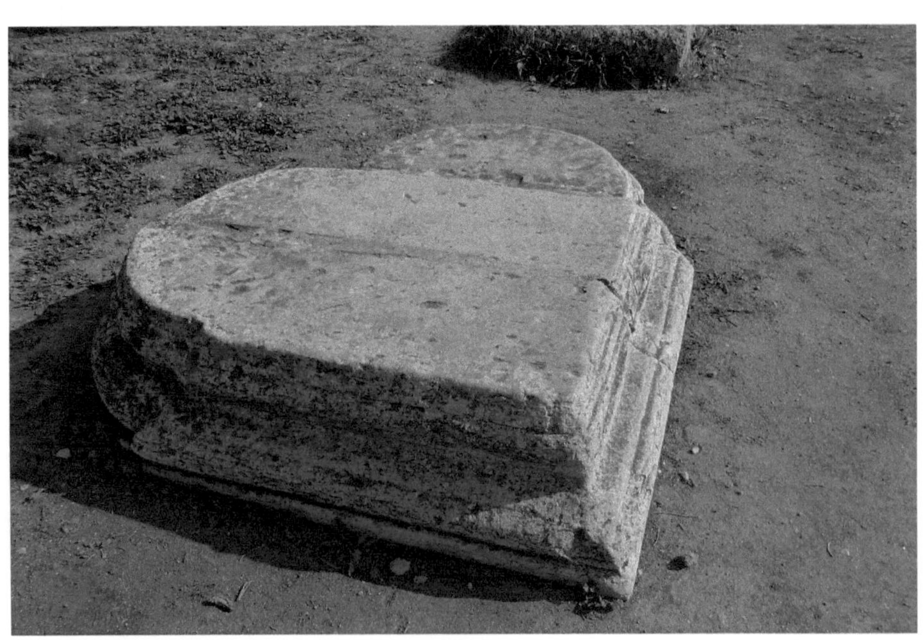

Himmel und Erde werden vergehen
(nach Markus 13,31)

Ulrich Grabowski 2004

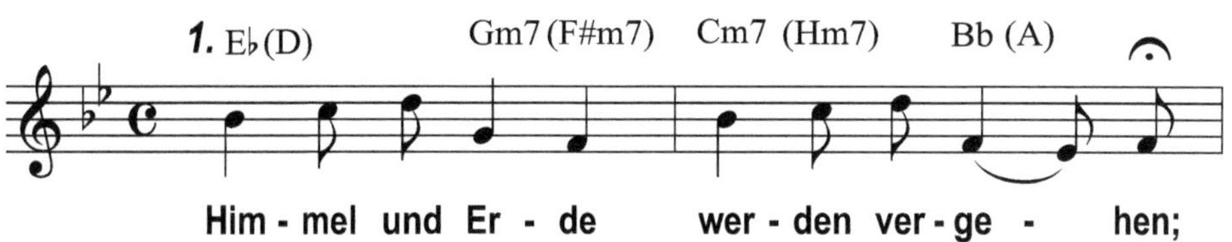

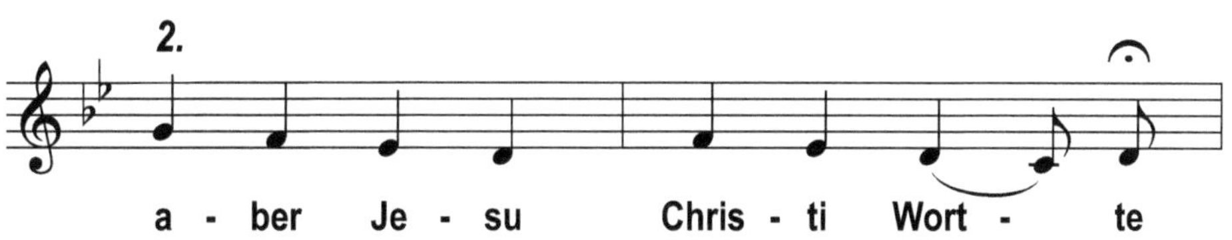

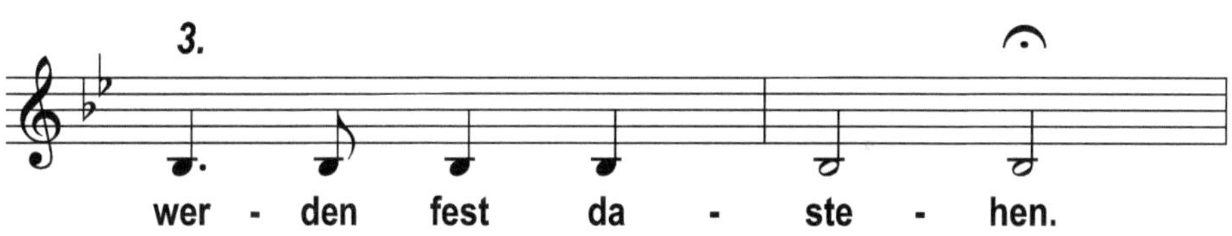

Begleitsatz Tasteninstrument

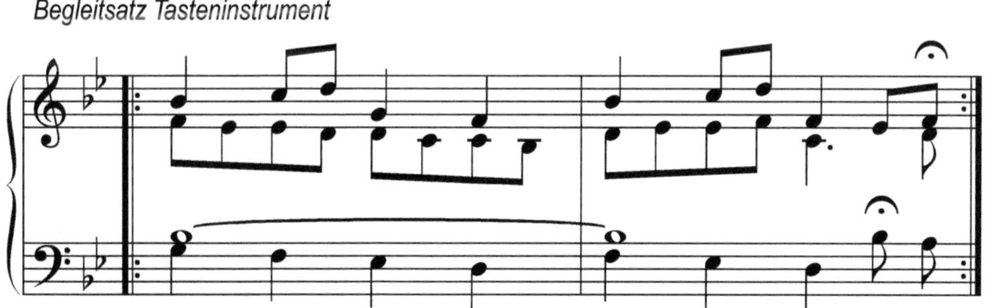

Jesus Christus spricht: Ich habe für dich gebeten (Lukas 22,32*)

Ulrich Grabowski 2005

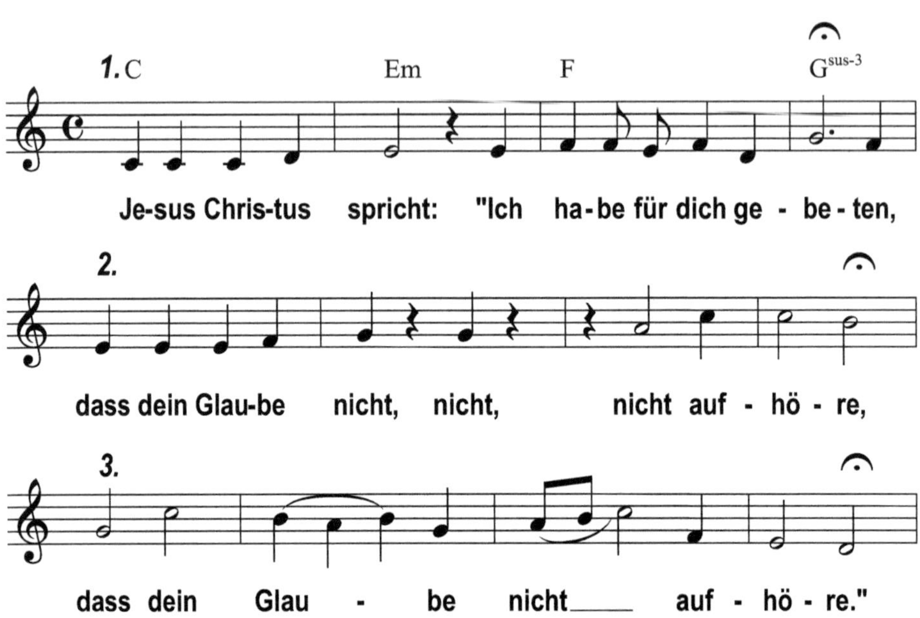

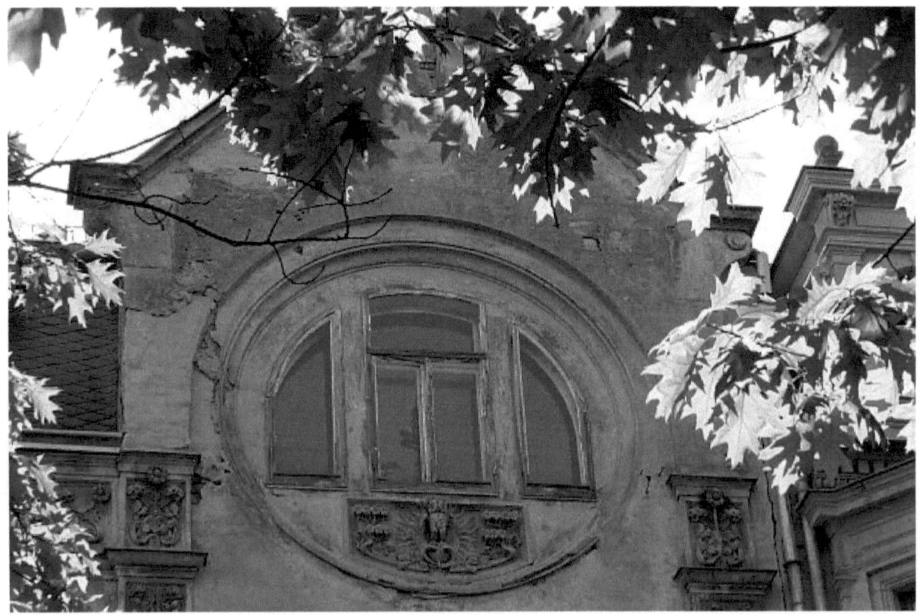

Gott spricht: Ich bin mit dir
(nach Josua 1,5)

Ulrich Grabowski 2006

1. C Dm7 C2/E

Gott spricht: "Ich bin mit dir in al - len__

2.

Nö - ten, was es auch sei.____

3.

Ich ver - lass' dich nicht, lass' dich nicht fal - len,

4.

im - mer bin ich da - bei."

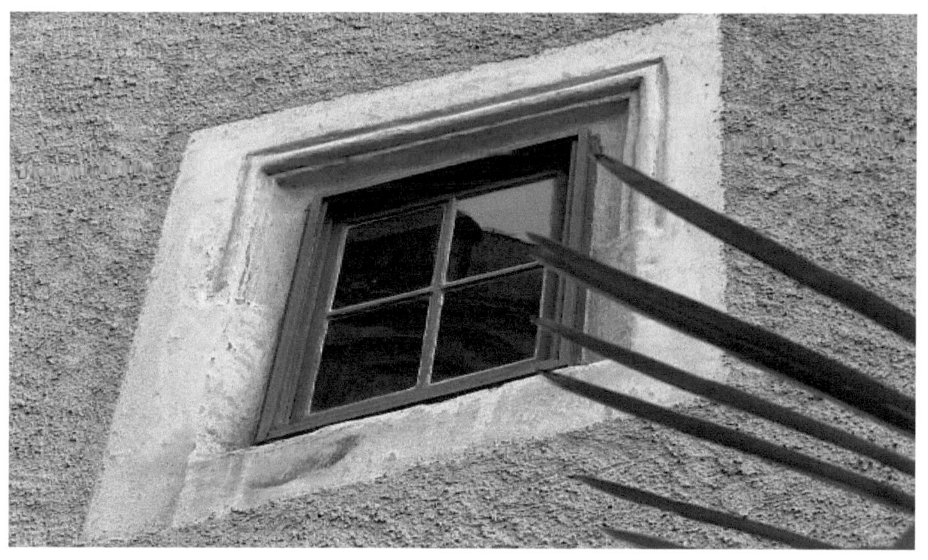

Siehe, ich will ein Neues schaffen
(Jesaja 43,19*)

Ulrich Grabowski 2007

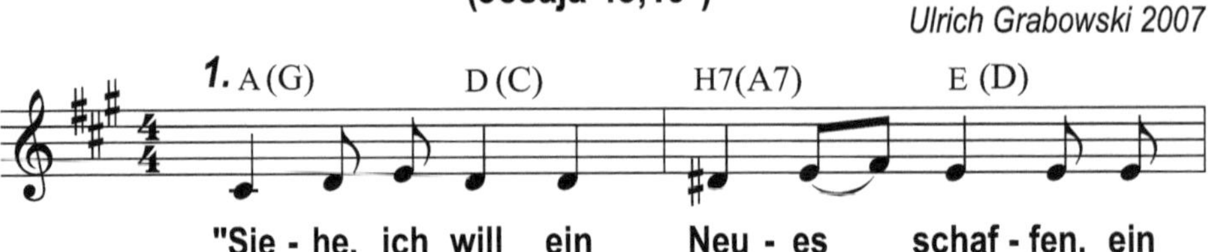

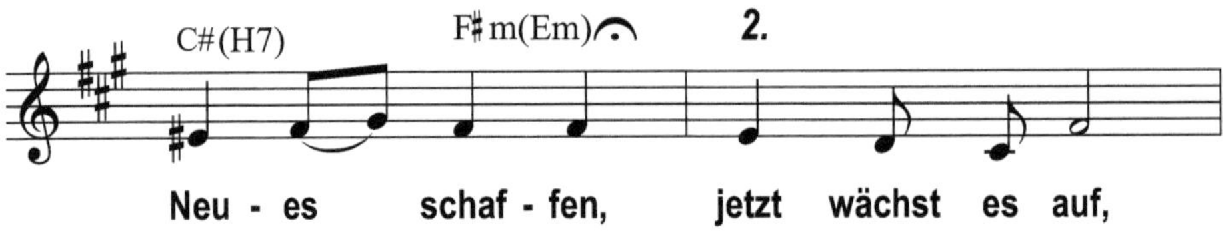

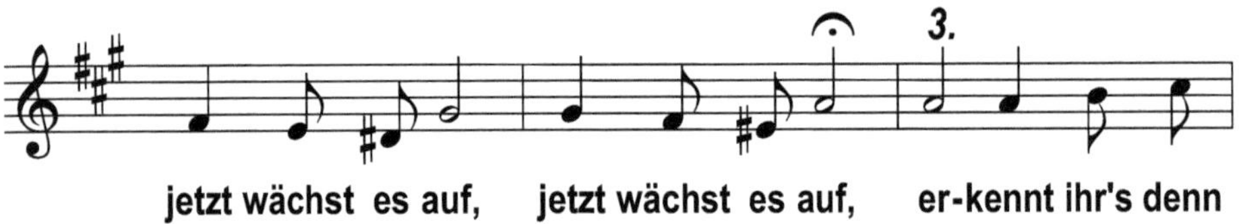

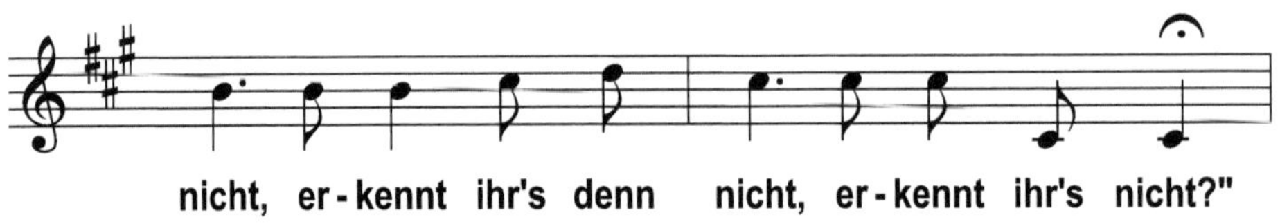

Begleitsatz Tasteninstrument und Oberstimme ad lib.

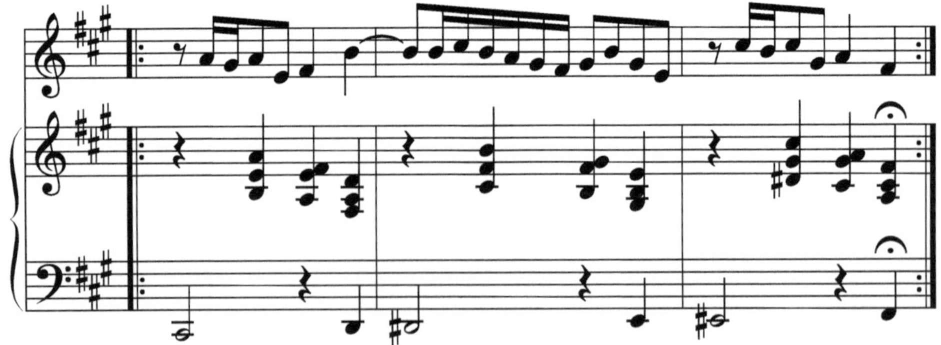

Dass Jesus lebt, ist mein Glück
(nach Johannes 14,17-19)

Ulrich Grabowski 2008
nach "Entlaubt ist uns der Walde", 16. Jh.
bzw. "O komm, Du Geist der Wahrheit", Nürnberg 1535

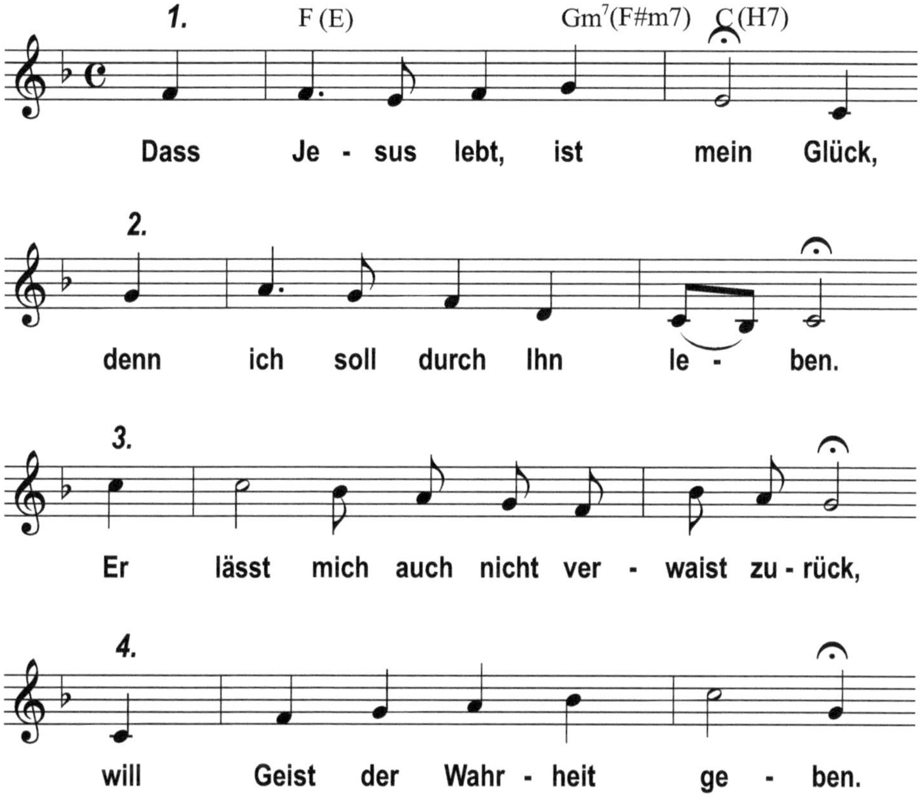

1. F (E) Gm^7(F#m7) C(H7)

Dass Je - sus lebt, ist mein Glück,

2.

denn ich soll durch Ihn le - ben.

3.

Er lässt mich auch nicht ver - waist zu - rück,

4.

will Geist der Wahr - heit ge - ben.

Begleitsatz Tasteninstrument und Oberstimme ad lib.

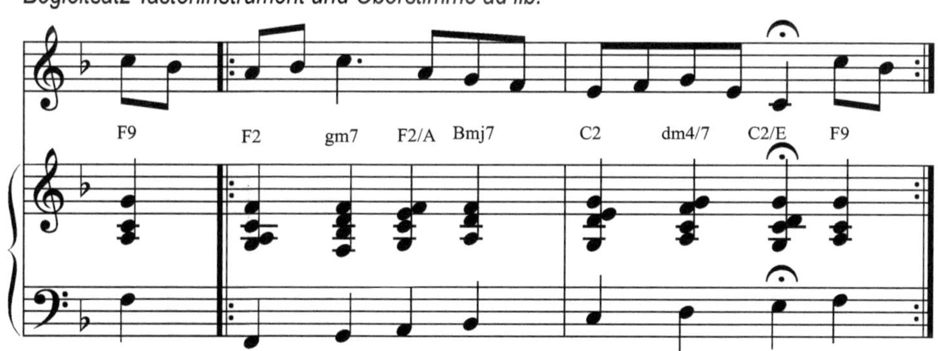

Was bei den Menschen unmöglich ist
(Lukas 18,27*)

Ulrich Grabowski 2009

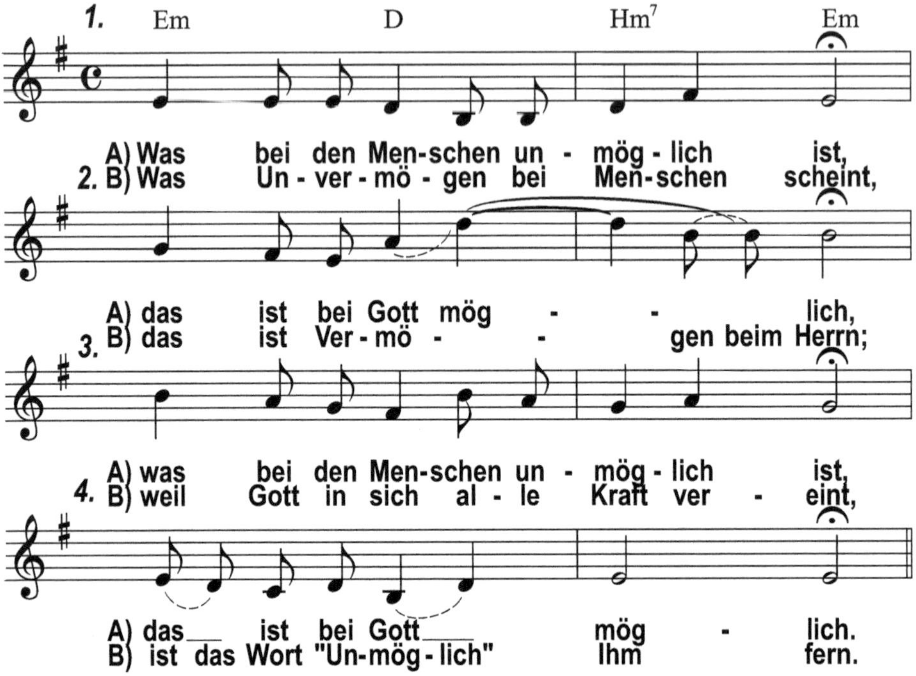

1. Em D Hm7 Em

A) Was bei den Men-schen un - mög - lich ist,
2. B) Was Un - ver - mö - gen bei Men-schen scheint,

A) das ist bei Gott mög - - lich,
B) das ist Ver - mö - - gen beim Herrn;

3.

A) was bei den Men-schen un - mög - lich ist,
B) weil Gott in sich al - le Kraft ver - eint,

4.

A) das___ ist bei Gott___ mög - lich.
B) ist das Wort "Un-mög - lich" Ihm fern.

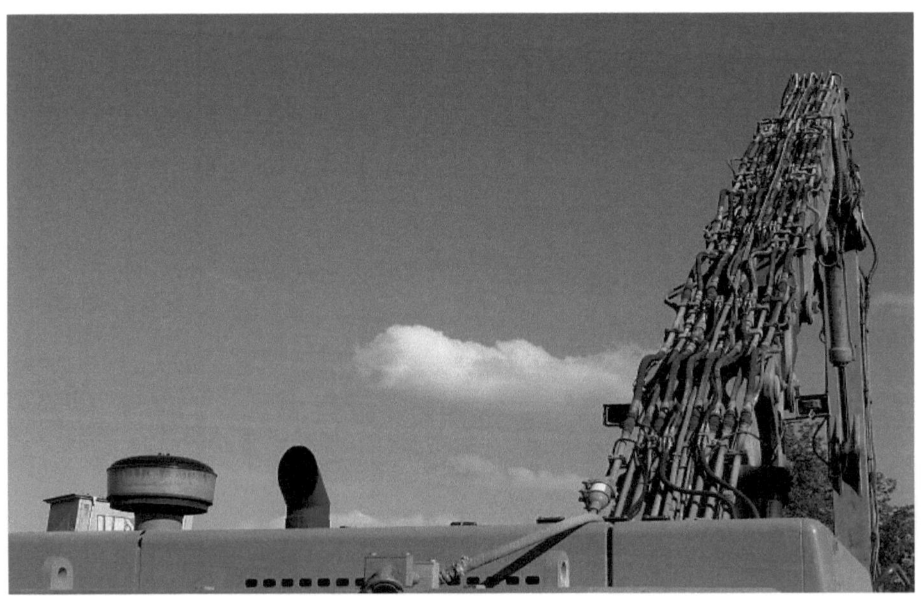

Jesus Christus spricht: Euer Herz erschrecke nicht (Johannes 14,1*)

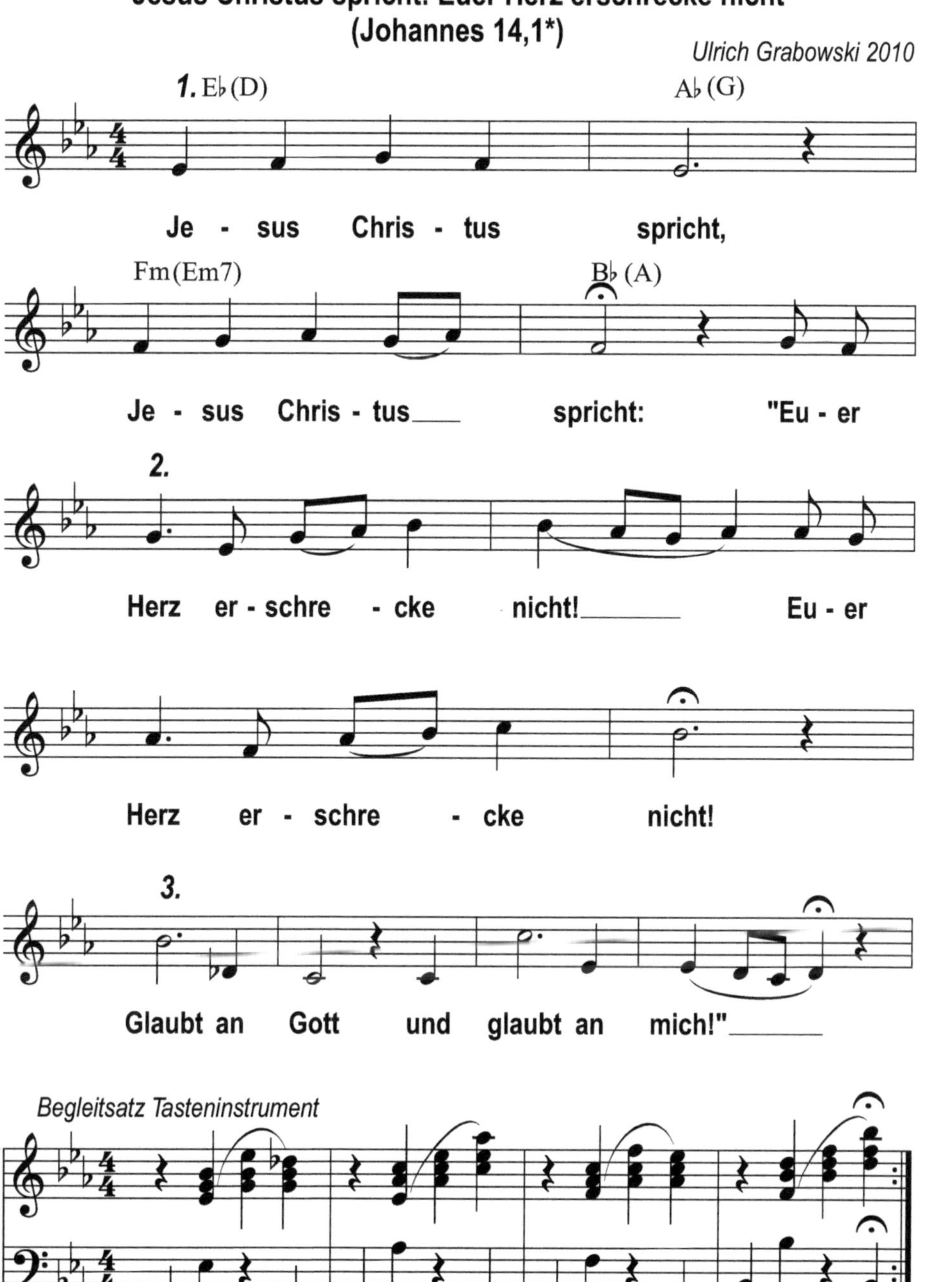

Von uns schafft es keiner, wirklich gut zu sein
(nach Römer 12,9-21)

Ulrich Grabowski 2011

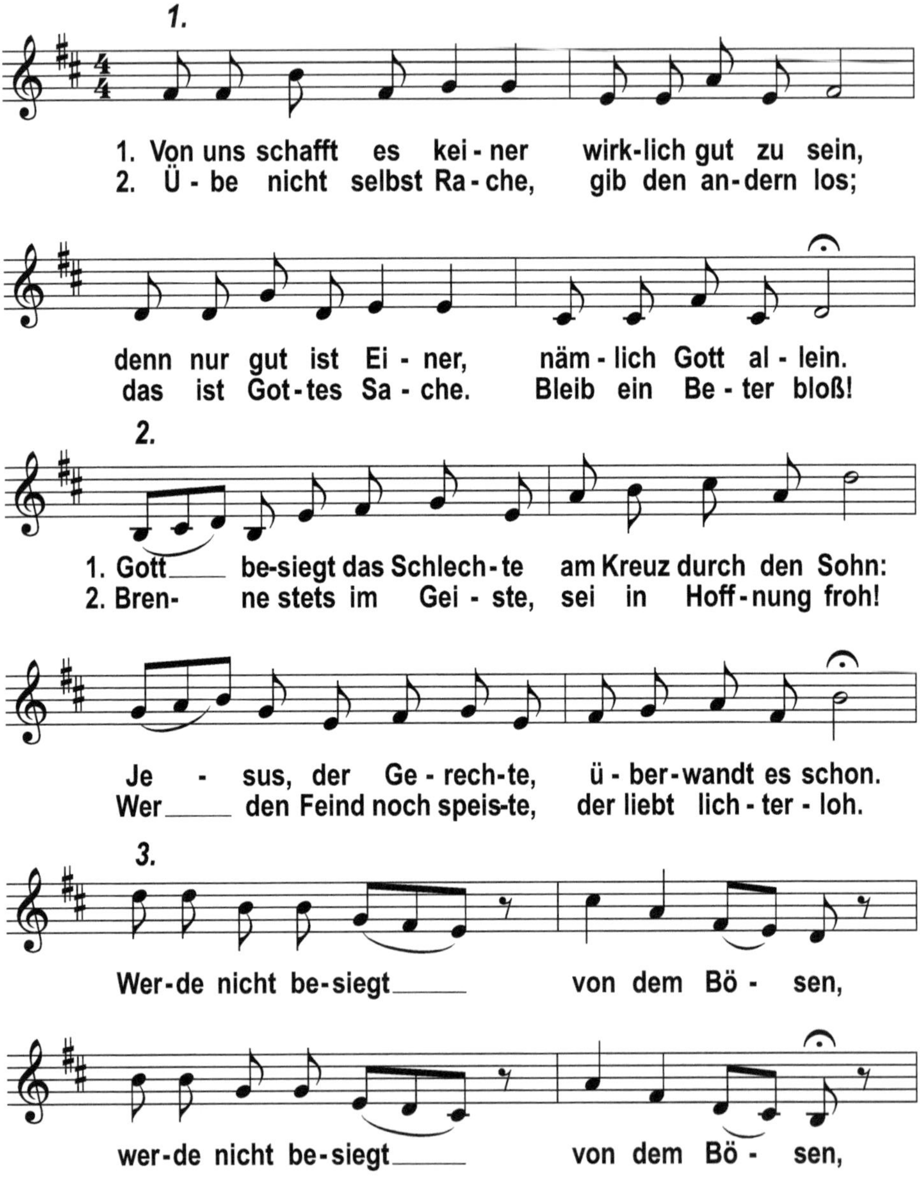

1.

1. Von uns schafft es kei - ner wirk-lich gut zu sein,
2. Ü - be nicht selbst Ra - che, gib den an- dern los;

denn nur gut ist Ei - ner, näm - lich Gott al - lein.
das ist Got - tes Sa - che. Bleib ein Be - ter bloß!

2.

1. Gott____ be-siegt das Schlech- te am Kreuz durch den Sohn:
2. Bren- ne stets im Gei - ste, sei in Hoff - nung froh!

Je - sus, der Ge - rech-te, ü - ber - wandt es schon.
Wer____ den Feind noch speis-te, der liebt lich - ter - loh.

3.

Wer-de nicht be-siegt____ von dem Bö - sen,

wer-de nicht be-siegt____ von dem Bö - sen,

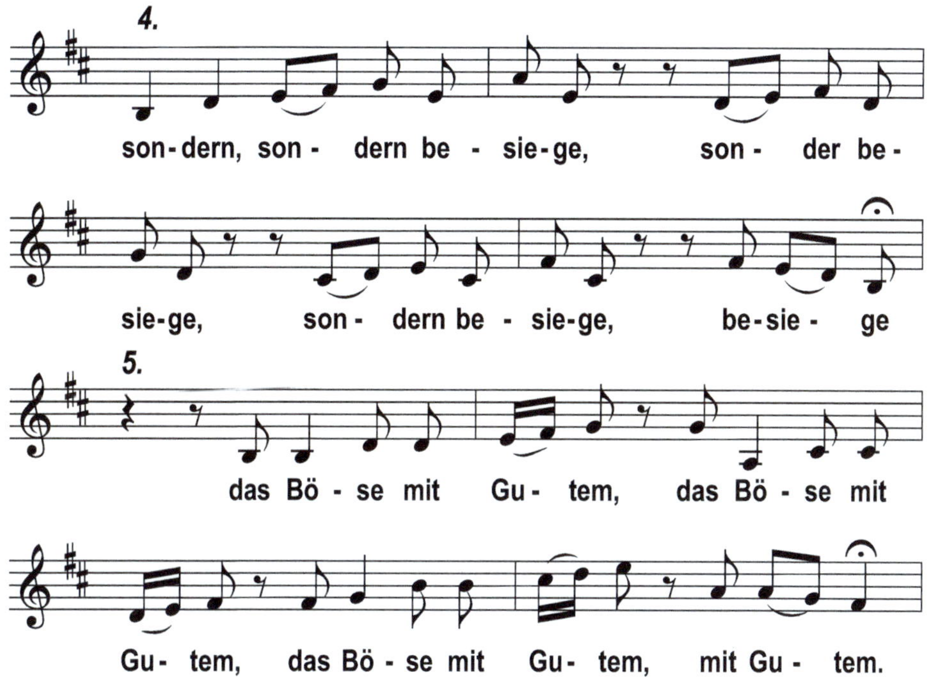

Begleitsatz Tasteninstrument

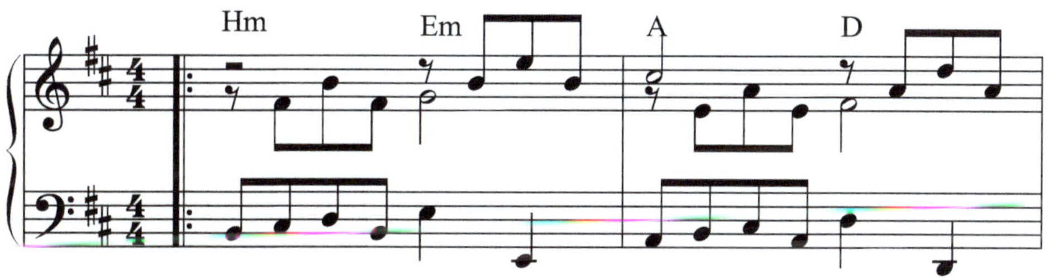

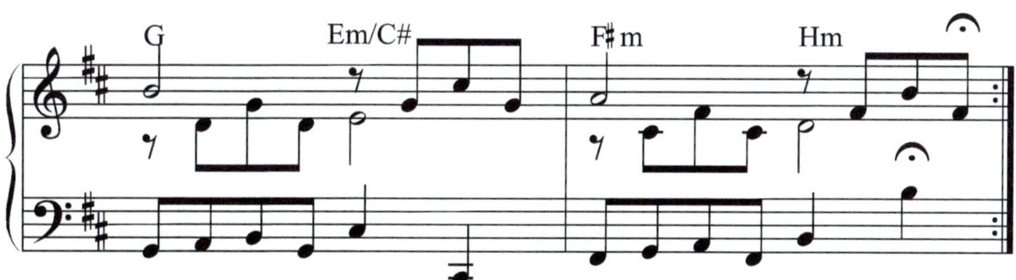

Lass dich nicht vom Bösen überwinden
(Römer 12,21*)

Ulrich Grabowski 2011

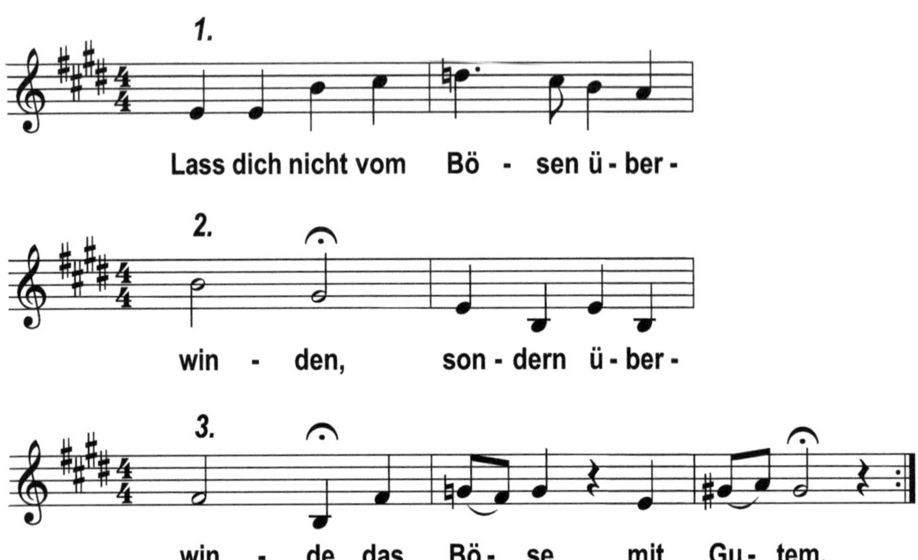

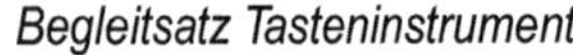

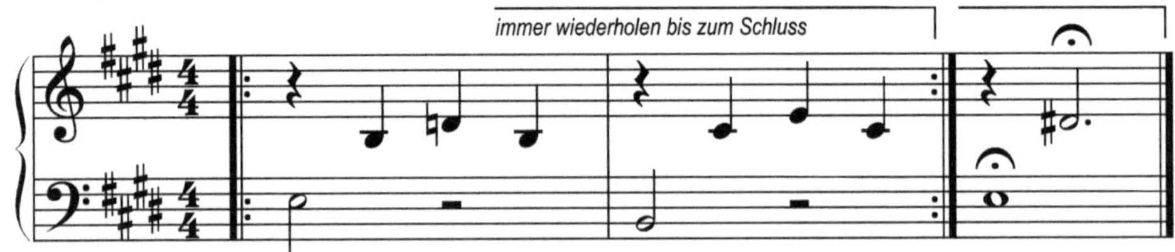

Lass dir an meiner Gnade genügen
(2. Korinther 12,9a*)

Ulrich Grabowski 1982 u. 2012
nach Chor 26 aus "Samson"
von G.F. Händel, HWV 57

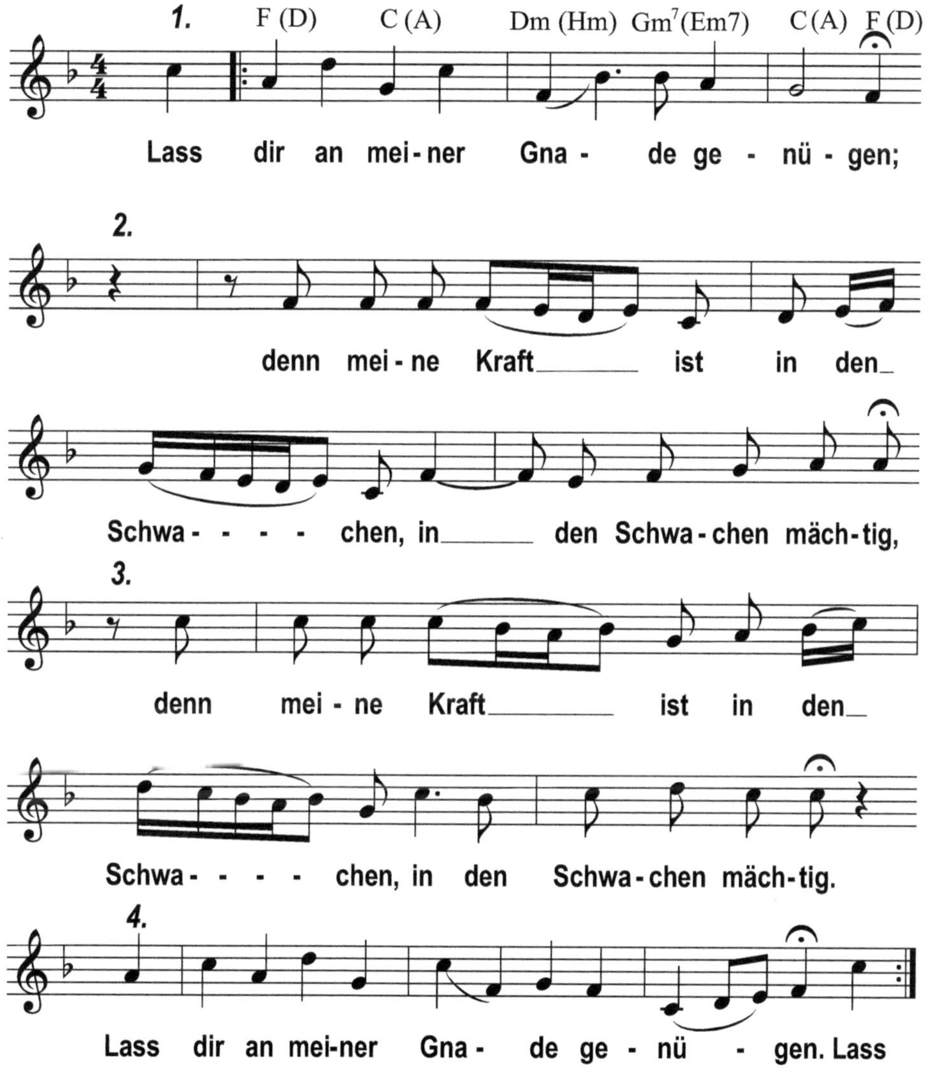

Allein Christi Gnade genügt
(nach 2. Korinther 12,9)

Ulrich Grabowski 2012
Idee nach M.J. Nystrom
"Your Grace is Sufficient"

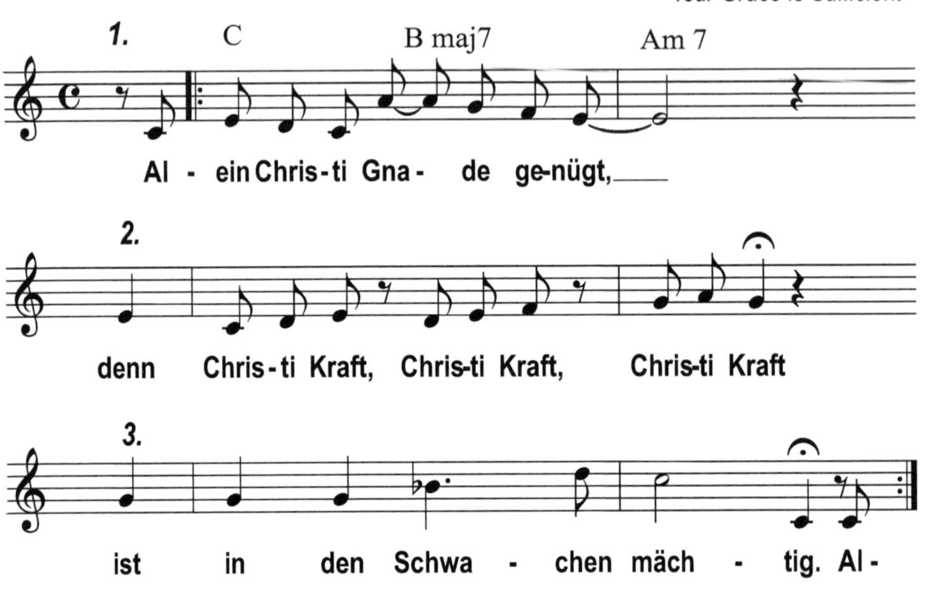

Begleitsatz Tasteninstrument

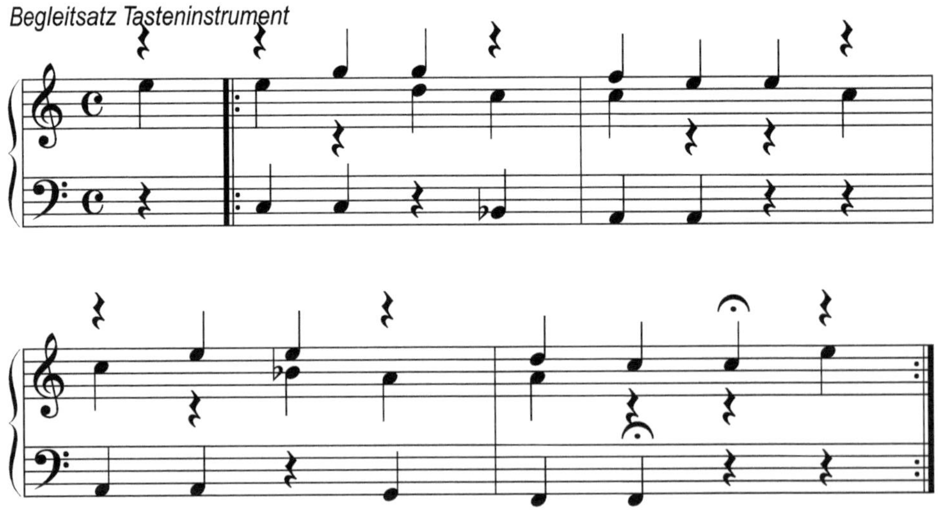

Wir haben hier keine bleibende Stadt
(Hebräer 13,14*)

Ulrich Grabowski 2013
nach J.S. Bach "Vor deinen Thron tret ich hiermit", BWV 668
Johann Baptista Serranus 1567

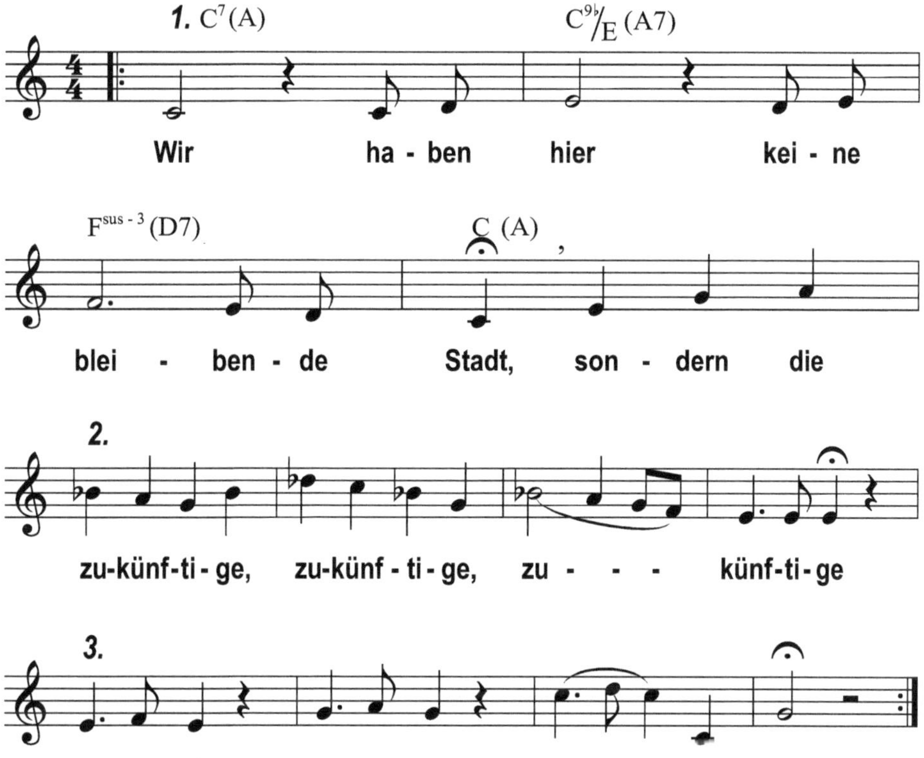

1. C7 (A) | C9♭/E (A7)

Wir ha - ben hier kei - ne

Fsus - 3 (D7) | C (A)

blei - ben - de Stadt, son - dern die

2.

zu-künf-ti - ge, zu-künf - ti - ge, zu - - - künf-ti - ge

3.

su-chen wir, su-chen wir, su - chen wir.

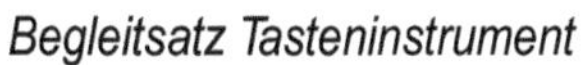
Begleitsatz Tasteninstrument

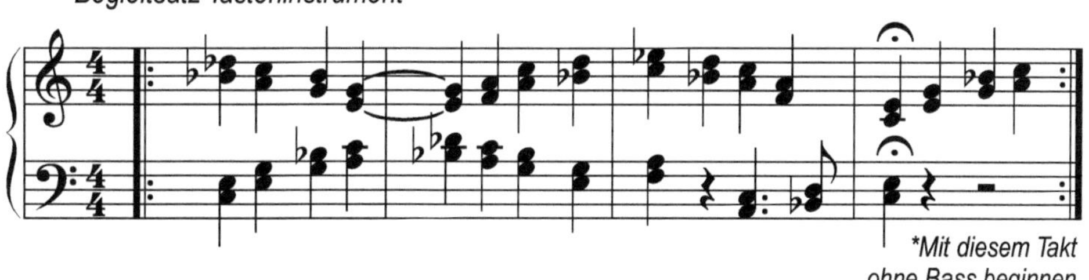

**Mit diesem Takt ohne Bass beginnen*

Ich halt' mich zu Gott
(nach Psalm 73,28)

Ulrich Grabowski 2014
nach J.S. Bach, Kantate BWV 71,7:
"Muss täglich von neuem, dich, Joseph erfreuen"

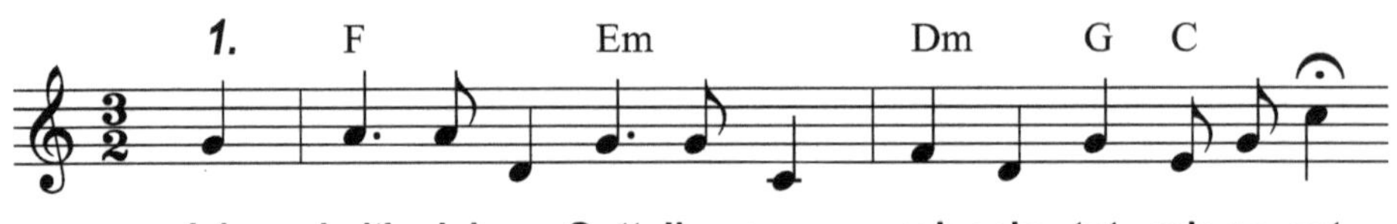

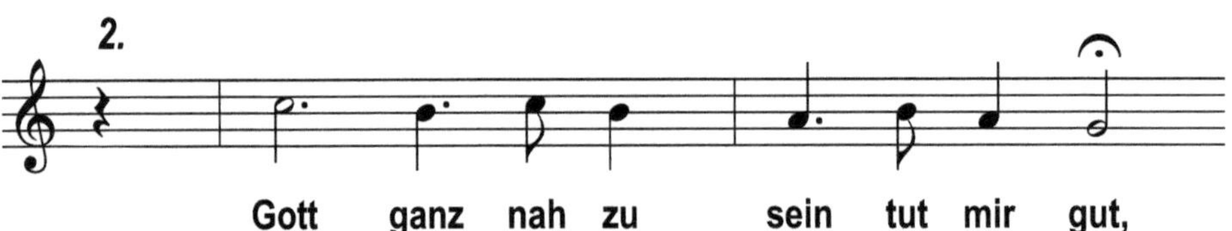

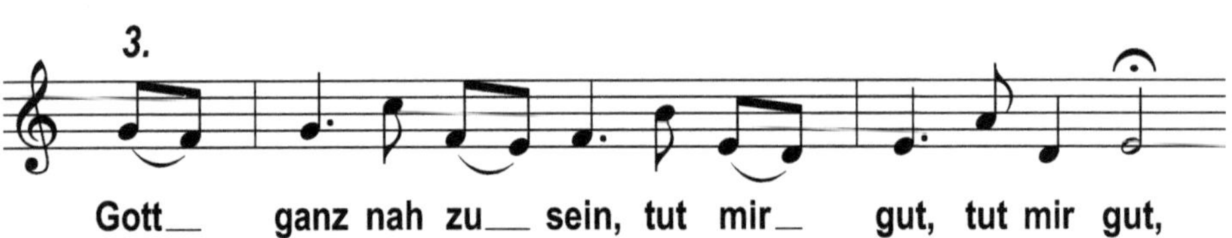

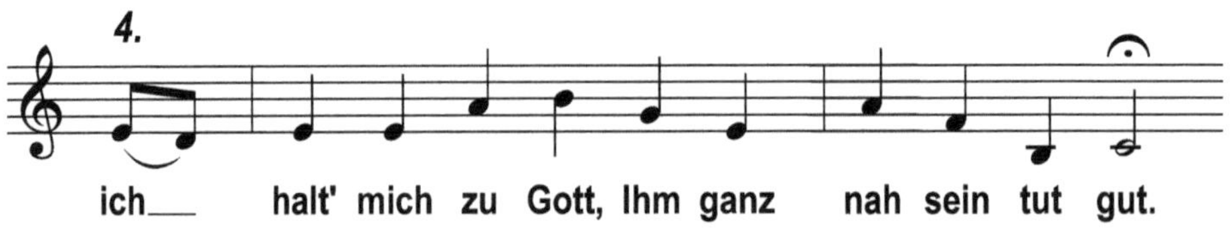

Nehmt einander an
(Römer 15,7*)

Ulrich Grabowski 2015

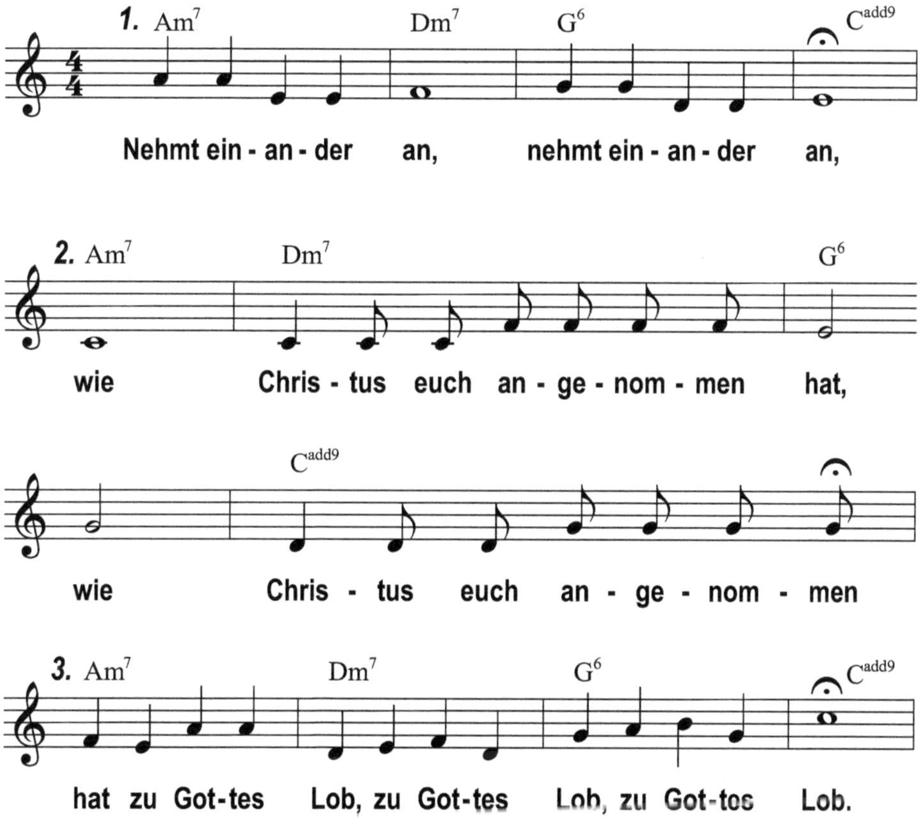

1. Am7 – Dm7 – G6 – Cadd9

Nehmt ein - an - der an, nehmt ein - an - der an,

2. Am7 – Dm7 – G6

wie Chris - tus euch an - ge - nom - men hat,

Cadd9

wie Chris - tus euch an - ge - nom - men

3. Am7 – Dm7 – G6 – Cadd9

hat zu Got-tes Lob, zu Got-tes Lob, zu Got-tes Lob.

Begleitsatz Tasteninstrument

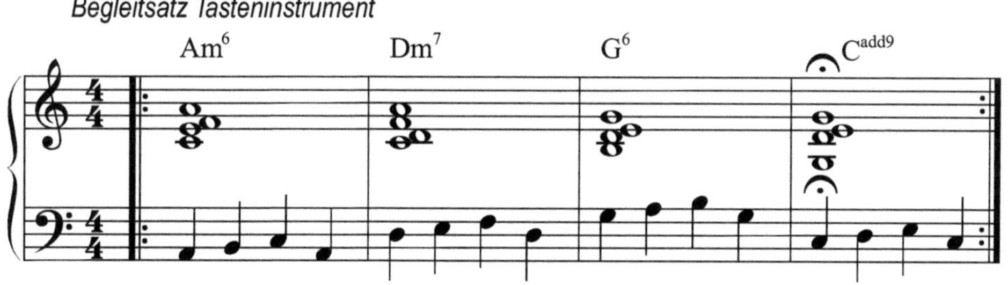

Nehmt einander an
(Römer 15,7*)

Ulrich Grabowski 2015

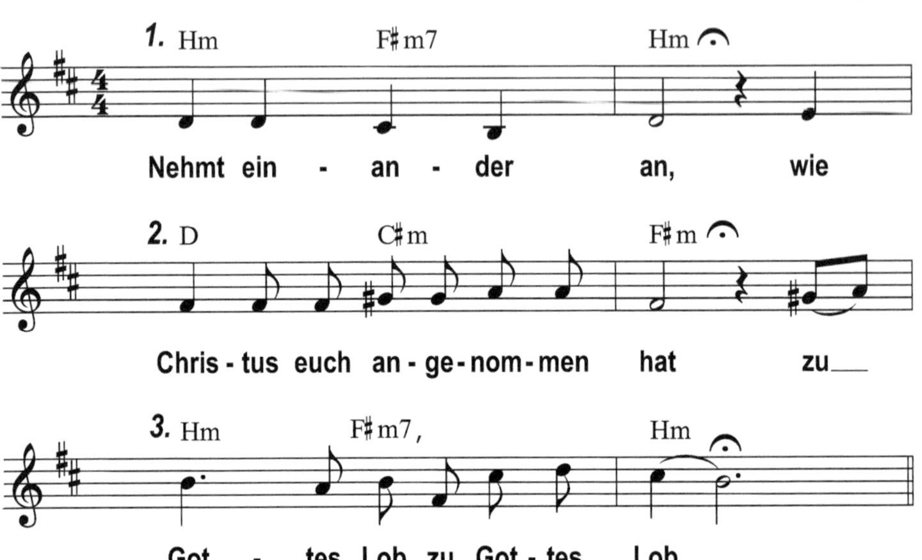

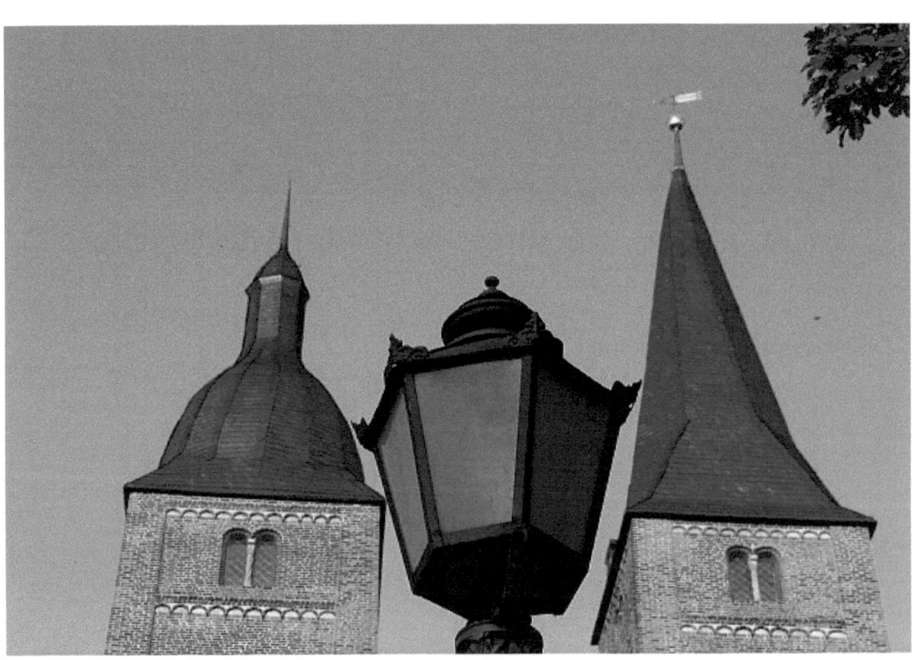

Ich will euch trösten
(Jesaja 66,13*)

Ulrich Grabowski 2016
nach Johannes Brahms, Ein Deutsches Reqiem, op. 45, Satz 5

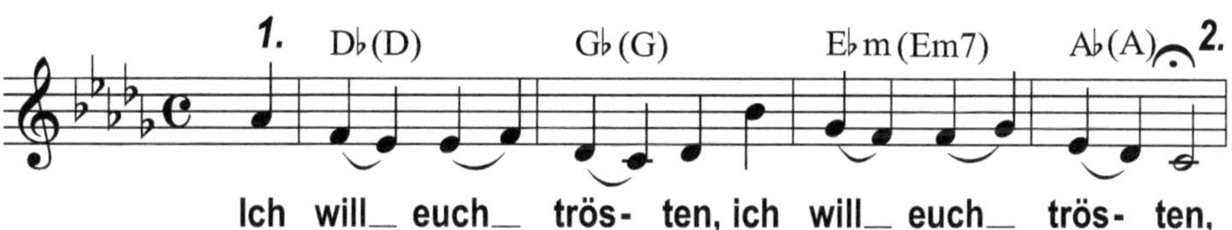

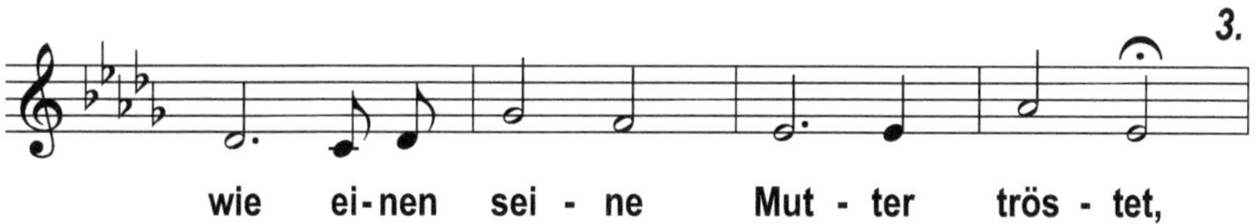

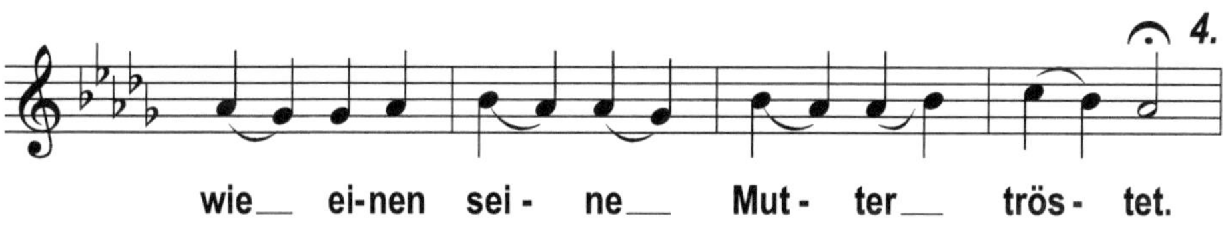

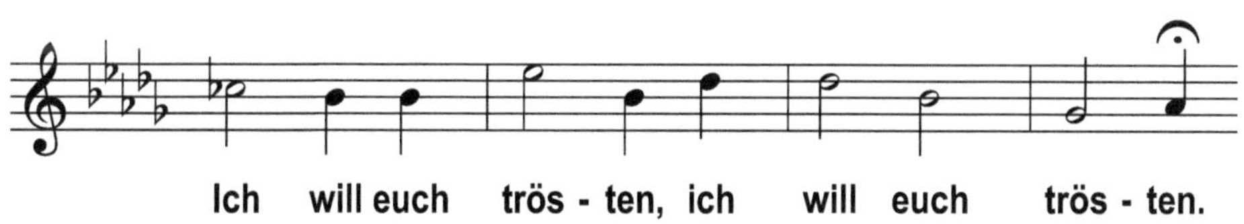

Gott spricht: Ich gebe euch ein neues Herz
(nach Hesekiel 36,26)

Ulrich Grabowski 2017

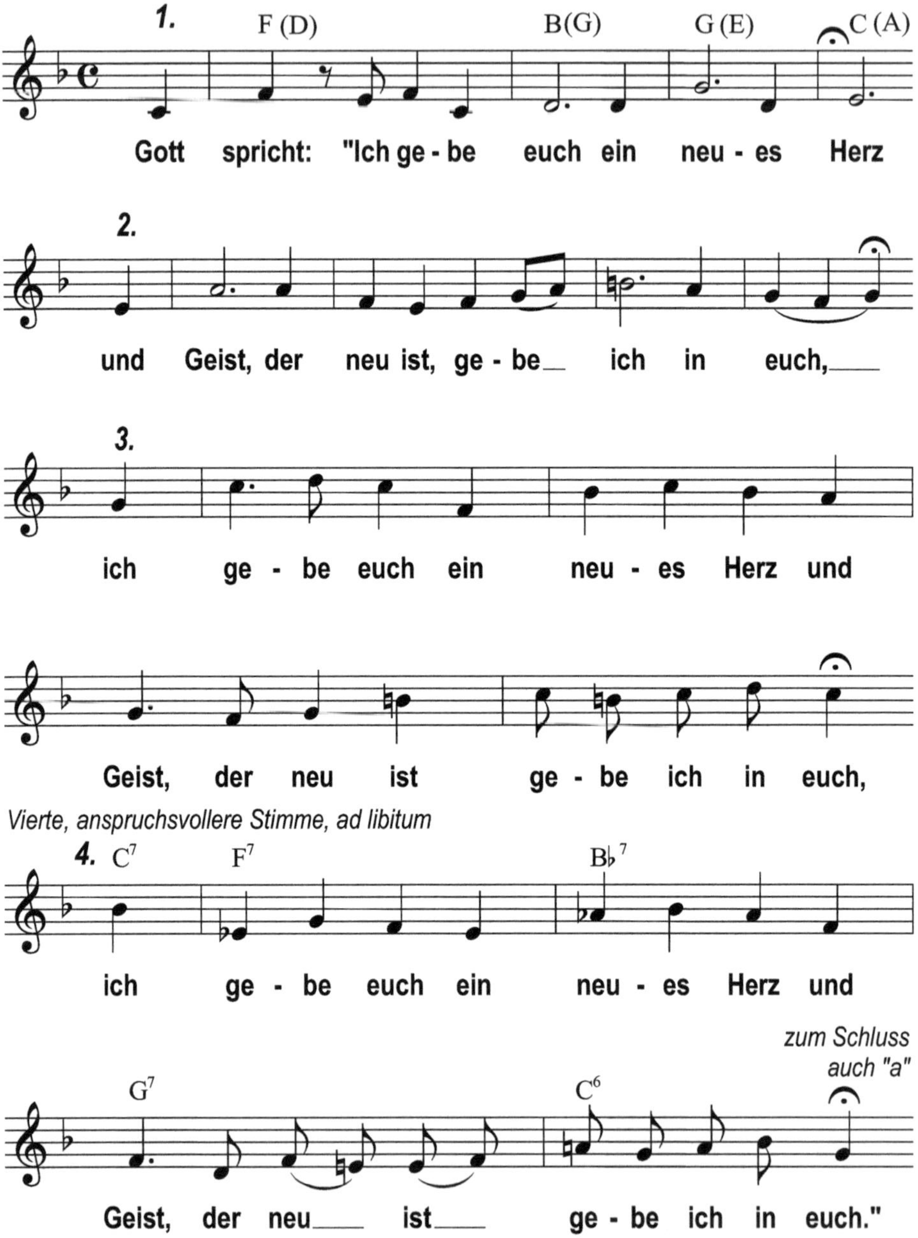

1. F (D) B(G) G (E) C (A)

Gott spricht: "Ich ge - be euch ein neu - es Herz

2.

und Geist, der neu ist, ge - be_ ich in euch,___

3.

ich ge - be euch ein neu - es Herz und

Geist, der neu ist ge - be ich in euch,

Vierte, anspruchsvollere Stimme, ad libitum

4. C⁷ F⁷ B♭⁷

ich ge - be euch ein neu - es Herz und

G⁷ C⁶ *zum Schluss auch "a"*

Geist, der neu___ ist___ ge - be ich in euch."

Gott spricht: Ich gebe euch ein neues Herz
(nach Hesekiel 36,26)

Ulrich Grabowski 2017

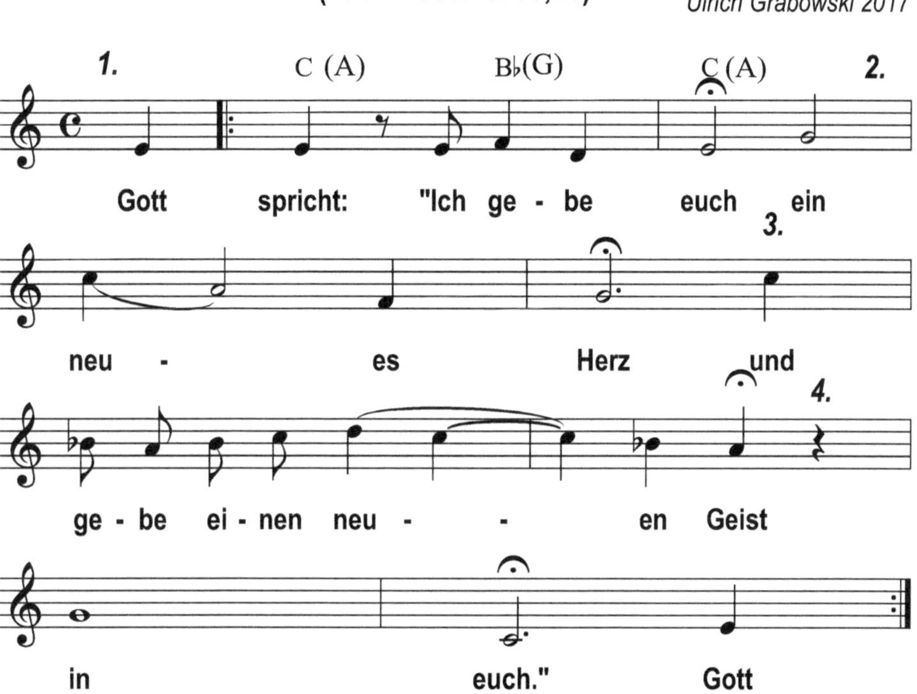

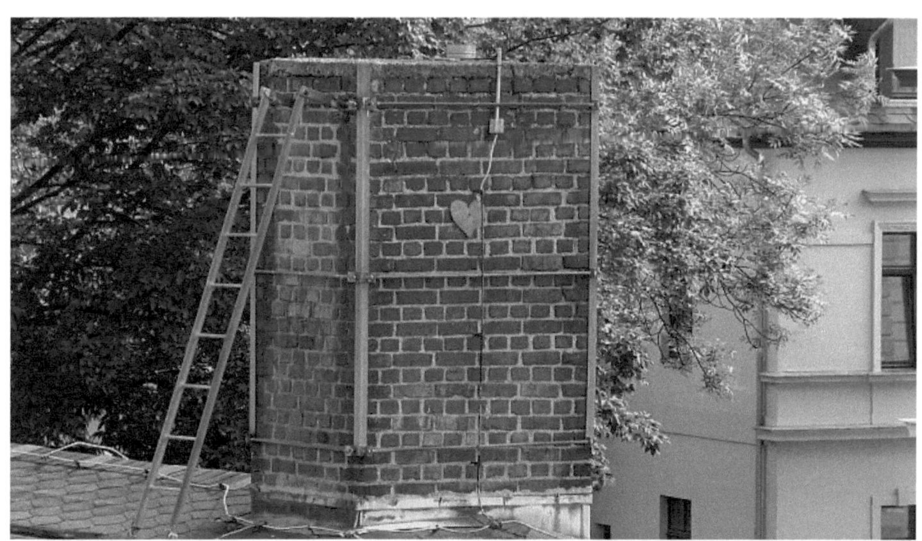

Gott spricht: Ich will dem Durstigen geben
(nach Offenbarung 21,6b*)

Ulrich Grabowski 2018

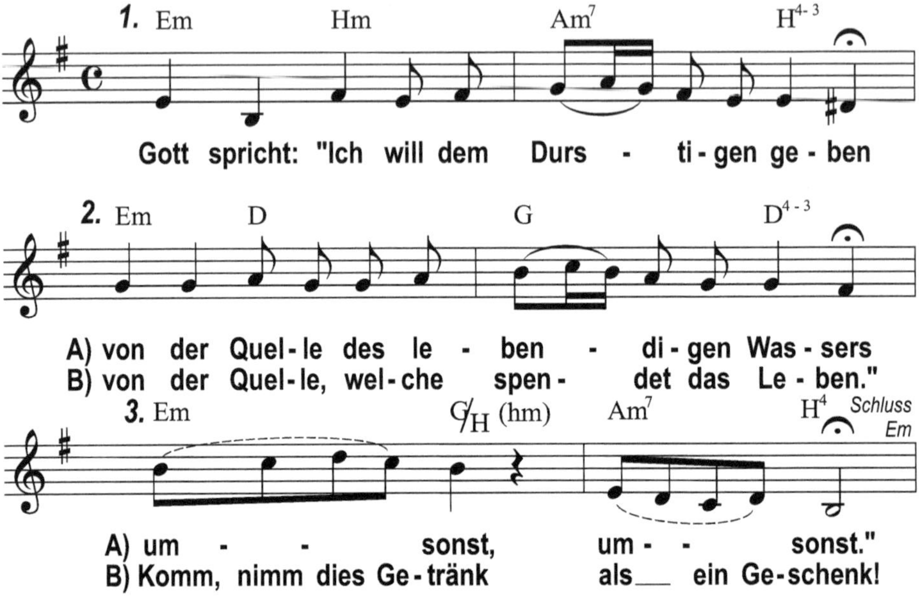

1. Em – Hm – Am7 – H4-3

Gott spricht: "Ich will dem Durs - ti - gen ge - ben

2. Em – D – G – D4-3

A) von der Quel - le des le - ben - di - gen Was - sers
B) von der Quel - le, wel - che spen - det das Le - ben."

3. Em – G/H (hm) – Am7 – H4 – *Schluss Em*

A) um - - sonst, um - - sonst."
B) Komm, nimm dies Ge - tränk als___ ein Ge - schenk!

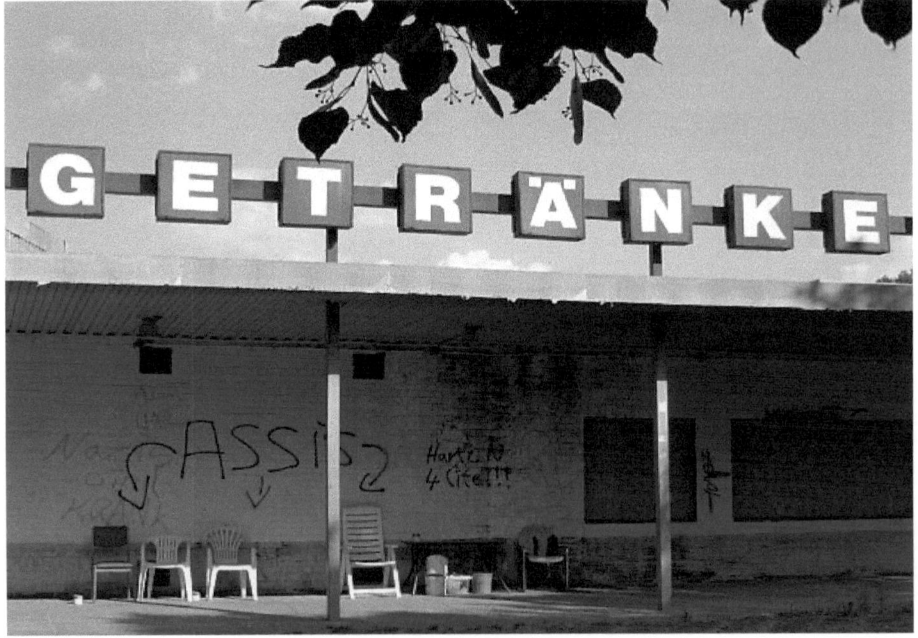

NACHWORT

Die Kanons sind in verschiedenen Musikstilen (Händel bis Distler, teilweise mit Zitaten), Schwierigkeitsgraden (einfacher Singspruch z.B. „Die Zeit ist da“ bis zur Choretüde z.B. „Singt für den Herrn ein neues Lied“) und Besetzungen (drei- bis fünfstimmig) geschrieben.

Im Allgemeinen ist als Einsatzfolge Männerstimme und dann Frauenstimmen zu empfehlen. Die Stelle des Stimmeneinsatzes ist durch Ordinalzahlen gekennzeichnet, ebenso die der Schlusstöne mit Haltefermaten.

Als Textgrundlage (siehe Textnachweis) dienen überwiegend die Bibelverse aus der jeweiligen Jahreslosung (Ökumenische Arbeitsgemeinschaft für Bibellesen), deren Jahrgang dann beim Komponisten angegeben ist. Die übrigen Texte, soweit nicht anders angegeben, stammen vom Autor selbst.

Zu manchen Kanons sind Begleitschemata für Tasteninstrument hinzugefügt, um den Singstimmen eine harmonische Grundlage zu geben.

Zur Begleitung mit Gitarre habe ich meistens nur in der ersten Stimme des Kanons die Akkorde als Schema hinzugefügt, wobei ich die deutsche Schreibeweise z.B. Hm für h-moll gewählt habe. Für eine einfachere Spielbarkeit auf der Gitarre sind in Klammern alternativ Akkorde angegeben, die auch den Kanon tiefer transponieren und damit für ungeübte Stimmen ungewohnte Stimmhöhen vermeiden.

Im Internet, auf meinem Kanal unter meinem Namen bzw. mit der Adresse ul.rich4solideogloria@gmail.com, kann man viele dieser Kanons anhören.

SOLI DEO GLORIA. Allein Gott zur Ehre, das sollen diese Musikstücke sein. Beim Musizieren sei der Herr Jesus mitten untern den Stimmen und ihr Mittelpunkt, so wie es – mit einem Augenzwinkern – in dem ersten „Kanon“ auf Seite 2 angemerkt ist, „ehe alles anfängt ...“ und hoffentlich – wie im Leben eines Christen – mit einem (ewig) ausgehaltenen, himmlischen Ziel(akkord) endet.

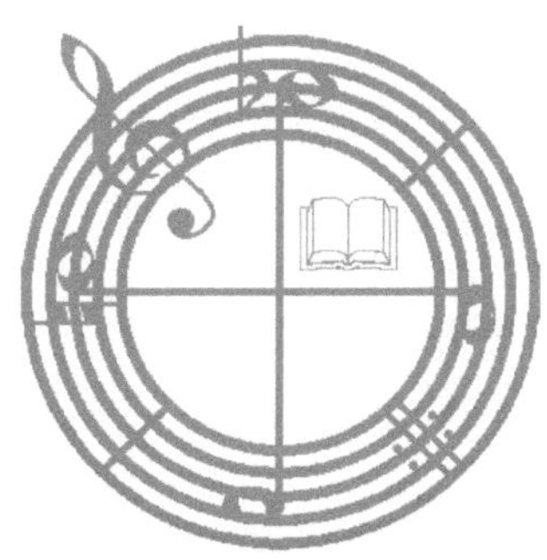

INHALTSVERZEICHNIS

TEXTNACHWEIS

Die Bibeltexte, die mit den Kanons vertont wurden, sind mit freundlicher Erlaubnis der Deutschen Bibelgesellschaft wiedergegeben (nach der Bibelstelle ein *):

Lutherbibel, revidierter Text 1984
© 1985 Deutsche Bibelgesellschaft, Stuttgart
Kanon auf Seite: 13(A),15(A), 17,18,19,20 und 22

Lutherbibel, revidierter Text 1984, durchgesehene Ausgabe
© 1999 Deutsche Bibelgesellschaft, Stuttgart
Kanon auf Seite: 24,25,28,30,32,34,35,37,38,39,41,43,44,45 und 48(A)

Bei der Angabe **„nach** [Bibeltextstelle]**"** handelt es sich um Dichtungen des Autors:
Kanon auf Seite: 3,4,6,8,9,10,11,12,13(B),14,15(B),21,23,26,27, 29,31,33,36,40,42,46,47 und 48(B)

BILDERNACHWEIS

Seite	Foto von Ulrich Grabowski
Titel	Aufgeschlagene Familienbibel mit selbst entworfenem Logo „BibelKanons“
1	Selbst entworfenes Logo „BibelKanons“
11	04600 Altenburg, Blick von einem Parkhinweis zur Kirche St. Bartholomae
12	Altenburg, Blick von einer Bahnhofslaterne zur Herzogin-Agnes-Kirche
14	Altenburg, Blick vom Schloss auf die Roten Spitzen (Kirchtürme altes Kloster)
15	Altenburg, Dach eines leerstehenden Hauses
17	Altenburg, Blick vom Geschäftseingang zur Kirche St. Bartholomae
18	Altenburg, Eingangsportal der Herzogin-Agnes-Kirche
19	Altenburg, Straßenschild (Orgelbauer Heinrich-Gottfried Trost) vor dem Schloss
22	Familien-Bibel, aufgeschlagen mit Notensystemkreuz
26	Altenburg, Vorfahrtsschild vor der alten Deutschen Bank
27	Altenburg, im Baum verwachsener Grabstein auf dem Friedhof
28	Antikes Aphrodisias, Marmorstumpf im Ausgrabungsgelände
30	Altenburg, leerstehendes Wohnhaus
31	Altenburg, Palmblatt vor Treppenaufgangsfenster der Schlosskapelle
34	Altenburg, Abriss-Bagger
44	Altenburg, Blick von einer Laterne zu den Roten Spitzen (altes Kloster)
47	Altenburg, Metallherz auf dem Schornstein eines Hauses in Bahnhofsnähe
48	Altenburg Südost, alte Trinkhalle

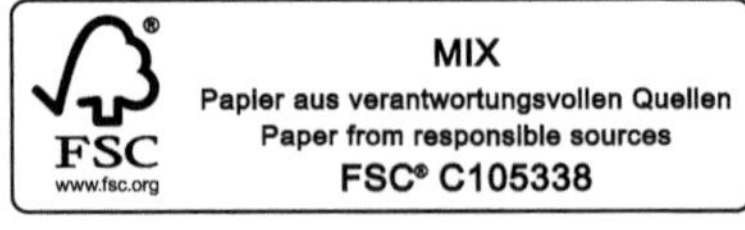

Printed by Books on Demand GmbH, Norderstedt / Germany